中华人民共和国行业推荐性标准

公路工程建设项目造价数据标准

Cost Database Standards for Highway Infrastructure Projects

JTG/T 3812—2020

主编单位：交通运输部路网监测与应急处置中心
批准部门：中华人民共和国交通运输部
实施日期：2020 年 11 月 01 日

人民交通出版社股份有限公司
北 京

律师声明

本书所有文字、数据、图像、版式设计、插图等均受中华人民共和国宪法和著作权法保护。未经人民交通出版社股份有限公司同意，任何单位、组织、个人不得以任何方式对本作品进行全部或局部的复制、转载、出版或变相出版。

本书扉页前加印有人民交通出版社股份有限公司专用防伪纸。任何侵犯本书权益的行为，人民交通出版社股份有限公司将依法追究其法律责任。

有奖举报电话：(010) 85285150

北京市星河律师事务所
2020 年 6 月 30 日

图书在版编目（CIP）数据

公路工程建设项目造价数据标准：JTG/T 3812—2020 / 交通运输部路网监测与应急处置中心主编. — 北京：人民交通出版社股份有限公司，2020.9

ISBN 978-7-114-16836-9

Ⅰ. ①公… Ⅱ. ①交… Ⅲ. ①道路工程—工程造价—标准—中国 Ⅳ. ①U415.13-65

中国版本图书馆 CIP 数据核字（2020）第 170555 号

标准类型：	中华人民共和国行业推荐性标准
标准名称：	公路工程建设项目造价数据标准
标准编号：	JTG/T 3812—2020
主编单位：	交通运输部路网监测与应急处置中心
责任编辑：	周佳楠　丁　遥
责任校对：	刘　芹
责任印制：	刘高彤
出版发行：	人民交通出版社股份有限公司
地　　址：	（100011）北京市朝阳区安定门外外馆斜街 3 号
网　　址：	http://www.ccpcl.com.cn
销售电话：	(010) 59757973
总 经 销：	人民交通出版社股份有限公司发行部
经　　销：	各地新华书店
印　　刷：	北京市密东印刷有限公司
开　　本：	880×1230　1/16
印　　张：	15.25
字　　数：	343 千
版　　次：	2020 年 9 月　第 1 版
印　　次：	2020 年 9 月　第 1 次印刷
书　　号：	ISBN 978-7-114-16836-9
定　　价：	100.00 元

（有印刷、装订质量问题的图书由本公司负责调换）

中华人民共和国交通运输部

公 告

第 73 号

交通运输部关于发布
《公路工程建设项目造价数据标准》的公告

现发布《公路工程建设项目造价数据标准》(JTG/T 3812—2020)，作为公路工程行业推荐性标准，自 2020 年 11 月 1 日起施行。

《公路工程建设项目造价数据标准》(JTG/T 3812—2020) 的管理权和解释权归交通运输部，日常管理和解释工作由主编单位交通运输部路网监测与应急处置中心负责。

请各有关单位注意在实践中总结经验，及时将发现的问题和修改建议函告交通运输部路网监测与应急处置中心（地址：北京市朝阳区安定路 5 号院 8 号楼外运大厦 21 层，邮政编码：100029），以便修订时研用。

特此公告。

中华人民共和国交通运输部

2020 年 8 月 26 日

交通运输部办公厅　　　　　　　　　　　　　　　2020 年 9 月 3 日印发

前　言

根据交通运输部《关于下达 2016 年度公路工程行业标准制修订项目计划的通知》（交公路函〔2016〕234 号）要求，交通运输部路网监测与应急处置中心作为主编单位承担《公路工程建设项目造价数据标准》（JTG/T 3812—2020）的制定工作。

为统一公路工程建设项目造价数据格式，促进数据标准化，推动公路工程造价管理信息化发展，助力造价数据共享与利用，编写组根据国家信息化发展的基本思路和方针，在参考国内相关数据标准的基础上，经过广泛调查研究，并充分考虑公路工程建设项目造价管理的实际情况，广泛征求各省级交通运输主管部门和行业意见，完成了本标准的编制工作。

本标准包括 6 章和 1 个附录，分别是 1 总则、2 术语、3 基本规定、4 造价依据数据标准、5 造价成果数据标准、6 数据编码标准、附录 A XML 架构（XML Schema）。

请各有关单位在执行过程中注意总结经验，将发现的问题和意见及时函告本标准主编单位：交通运输部路网监测与应急处置中心（地址：北京市朝阳区安定路 5 号院 10 号楼外运大厦 A 座 21 层；联系人：方申；邮编：100029；电话：010-65299193；传真：010-65299196；电子邮箱：lwzxzj@163.com），以便修订时参考。

主 编 单 位：交通运输部路网监测与应急处置中心
参 编 单 位：云南省交通运输厅工程造价管理局
　　　　　　昆明海巍科技有限公司
　　　　　　广东同望科技股份有限公司
　　　　　　珠海纵横创新软件有限公司
　　　　　　北京中交京纬公路造价技术有限公司
　　　　　　广联达科技股份有限公司
　　　　　　中科高盛咨询集团有限公司
　　　　　　国道网（北京）交通科技有限公司

主　　　　编：方　申
主要参编人员：李　宁　杨志朴　邹　喻　贾雪飞　刘　青　罗余春
　　　　　　　谭玉堂　高峰清　朱得智　刘洪舟　帖卉霞　王彩仙

主　　　　审：瞿国旭
参与审查人员：张建军　张慧彧　易万中　陈　钢　于泽友　陈　亮
　　　　　　　王燕平　胡　雷　王冬妹　王　荣　张道德　孔秋珍
　　　　　　　赵福玉　郑　强　杨凤英

参 加 人 员：晋　敏　顾　剑　罗杏春　王　晶　周晓阳　王　良
　　　　　　　李学政　张　杭　赖伟健　牛金广　富　强　王　博
　　　　　　　李　燕

目　次

1 总则 ·· 1
2 术语 ·· 2
3 基本规定 ·· 3
4 造价依据数据标准 ·· 7
　4.1 造价依据 ＜BasicFile＞ ··· 7
　4.2 造价依据数据结构 ·· 7
　4.3 造价依据基类 ＜LibBase＞ ·· 7
　4.4 定额资源 ＜NormFile＞ ·· 10
　4.5 费率标准库 ＜RateLib＞ ·· 17
　4.6 要素费用项目（清单）表库 ＜ItemStandardLib＞ ························· 19
　4.7 车船税费库 ＜TaxLib＞ ·· 21
　4.8 价格信息 ＜PriceLib＞ ·· 22
　4.9 人工单价 ＜MpPriceLib＞ ·· 23
　4.10 规费费率 ＜FeeRateLib＞ ··· 23
　4.11 利润率 ＜ProfitRateLib＞ ·· 24
　4.12 税率 ＜TaxRateLib＞ ··· 25
5 造价成果数据标准 ··· 27
　5.1 造价成果数据 ·· 27
　5.2 估概预算（清单）成果数据 ·· 27
　5.3 工程决算成果数据 ·· 49
6 数据编码标准 ·· 83
　6.1 造价类型编码 ·· 83
　6.2 造价依据编码 ·· 83
　6.3 工程类别编码 ·· 86
　6.4 费率编码 ·· 87
　6.5 工料机编码 ·· 91
　6.6 施工机械费用组成明细编码 ·· 93
　6.7 定额子目编码 ·· 94
　6.8 要素费用项目（清单）编码 ·· 94
　6.9 定额（指标）调整标准编码 ·· 95
　6.10 造价指标编码 ·· 96

6.11 费用构成明细编码及计算取值引用规则 …………………………………… 102

6.12 累进办法计算公式规范 ……………………………………………………… 103

附录 A　XML 架构（XML Schema） ……………………………………………… 105

本标准用词用语说明 ……………………………………………………………… 236

1 总则

1.0.1 为规范公路工程建设项目造价依据及造价成果电子数据，统一输出格式，推动造价文件电子数据标准化，促进公路工程造价数据积累、共享和利用，制定本标准。

条文说明

根据《公路工程建设项目造价文件管理导则》（JTG 3810—2017）相关规定，造价依据指用于各阶段造价文件所依据的办法、规则、定额、费用标准、造价指标以及其他相关的基价标准。造价文件指项目建议、工程可行性研究、初步设计、施工图设计、招标、施工、交工、竣工等各阶段造价类文件的统称，包括投资估算、设计概算、施工图预算、工程量清单、工程量清单预算、合同工程量清单、计量与支付、工程变更费用、造价管理台账、工程结算、工程竣工决算等文件。

1.0.2 本标准适用于编译新建、改扩建公路工程建设项目各阶段造价依据及造价文件电子数据文件格式。

1.0.3 本标准采用 XML（Extensible Markup Language，可扩展标记语言）标准。

1.0.4 公路工程造价相关软件生成的造价成果电子数据应符合本标准。

1.0.5 各省（自治区、直辖市）交通运输主管部门，可在本标准的基础上，结合当地实际情况制定地方补充标准。

条文说明

为适应电子招标投标，相关管理部门建议在本数据标准基础上，制定相应的补充规定。

1.0.6 公路工程建设项目造价数据除应符合本标准的规定外，尚应符合国家和行业现行有关标准的规定。

2 术语

2.0.1 可扩展标记语言 XML（Extensible Markup Language）
标准通用标记语言的子集，是一种用于标记电子文件使其具有结构性的可扩展标记语言。

2.0.2 XML 文件 XML file
用 XML 标准表述电子数据文件内容的计算机电子文档。

2.0.3 XML Schema 文件 XML Schema file
符合 XML 标准文件格式，用一套预先规定的 XML 元素和属性创建的用于描述 XML 文件格式与数据类型的文件。一个符合本标准的 XML 文档必须符合本标准的 XML Schema 文件所规定的校验规则。

2.0.4 造价电子数据文件 cost electronic data file
依据本标准规定生成的公路造价依据和造价成果的电子数据文件，分为造价依据数据文件和造价成果数据文件两类。造价依据数据文件包含造价依据库、定额资源、费率标准库、要素费用项目（清单）表库、车船税费库、价格信息、人工单价、规费费率、利润率、税率，共十种数据；造价成果数据文件包含项目建议书估算、可行性研究估算、设计概算、施工图预算、清单预算、工程决算，共六种数据。

3 基本规定

3.0.1 本标准使用标准语言 XML 版本。XML 文件头应是：
<？xml version = " 1.0" encoding = " UTF – 8" ？>

3.0.2 造价依据及造价成果的电子数据信息可整体或单独导出形成独立电子数据文件。导出的电子数据文件应采用 ZIP 压缩算法压缩，ZIP 文件包中有且仅有一个 XML 文件，XML 文件名为"main.xml"，后缀名见表 3.0.2。

表 3.0.2 导出文件后缀名规则

序 号	电子数据文件类型		后 缀
1	造价依据数据	造价依据库	zjyj
2	造价依据数据	定额资源	de
3	造价依据数据	费率标准库	fl
4	造价依据数据	要素费用项目（清单）表库	fxb
5	造价依据数据	车船税费库	ccs
6	造价依据数据	价格信息	jg
7	造价依据数据	人工单价	rg
8	造价依据数据	规费费率	gf
9	造价依据数据	利润率	lr
10	造价依据数据	税率	sl
11	造价成果数据	项目建议书估算	jygs
12	造价成果数据	可行性研究估算	gkgs
13	造价成果数据	设计概算	sjgs
14	造价成果数据	施工图预算	sgys
15	造价成果数据	清单预算	qdys
16	造价成果数据	工程决算	gcjs

条文说明

定额资源、费率标准库、要素费用项目（清单）表库、车船税费库、人工单价、规费费率、利润率、税率八类造价依据可以整体一次性导出形成完整的电子数据文件，也可以导出其中一类形成单独的电子数据文件；价格信息只能单独导出形成电子数据文件。造价成果只能按造价类型单独导出形成电子数据文件。

3.0.3 符合本标准的 XML 文件中所有实体元素均扩张（继承）自基类元素 <BaseType>，通过扩展基类元素，允许各公路工程建设项目造价电子数据编制方在符合本标准的 XML 文档中存储自定义数据。

1 基类元素 <BaseType> 的结构如图 3.0.3 所示。

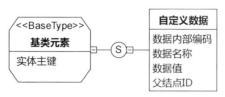

图 3.0.3 基类元素 <BaseType> 结构图

2 基类元素 <BaseType> 的子元素为自定义数据 <CustomData>，见表 3.0.3-1。

表 3.0.3-1 基类元素 <BaseType> 子元素列表

序号	属性名称	中文解释	必填	备注
1	CustomData	自定义数据		

注：本标准各表中"必填"一列，画"✓"表示必须要填写的，不画"✓"表示可选择填写的。

3 基类元素 <BaseType> 属性见表 3.0.3-2。

表 3.0.3-2 基类元素 <BaseType> 属性列表

序号	属性名称	中文解释	数据类型	必填	备注
1	KeyId	实体主键	String	✓	实体主键在整个主 XML 文档中必须唯一

4 自定义数据 <CustomData> 元素作为实体元素的子元素，可按树状层次进行多级扩展，属性见表 3.0.3-3。

表 3.0.3-3 自定义数据 <CustomData> 属性列表

序号	属性名称	中文解释	数据类型	必填	备注
1	Id	数据内部编码	String	✓	
2	DataName	数据名称	String	✓	
3	DataValue	数据值	String	✓	
4	PId	父结点 ID	String	✓	父结点 ID 取数据内部编码，根结点父结点 ID 为 -1

5 各省（自治区、直辖市）根据实际需要对标准进行补充的，应按自定义元素约定方式进行扩展。

条文说明

2 本标准是按现行的公路工程建设计价标准编制，当采用《公路工程基本建设项目投资估算编制办法》（JTG M20—2011）、《公路工程基本建设项目概算预算编制办法》（JTG B06—2007）、《公路工程估算指标》（JTG/T M21—2011）、《公路工程概算定额》（JTG/T B06-01—2007）、《公路工程预算定额》（JTG/T B06-02—2007）、《公路工程机械台班费用定额》（JTG B06-03—2007）编制的估算、概算、预算及清单历史造价数据按本标准导出 XML 时，如结构元素属性为必填，但历史造价成果数据中没有的内容可以不填，如项目造价依据编码、费用列表中的基价、工程决算建设项目中的财务总决算等。

3.0.4 符合本标准的 XML 文件，需要对数值数据按四舍五入规则保留 n 位小数时，

根据小数点后第 $n+1$ 位数值判断,若小于 5 则舍去,若大于或等于 5 则进位。

条文说明

四舍五入示例:数值 1.5342 和 1.5346 保留 2 位小数的结果均为 1.53,数值 1.5352 和 1.5353 保留 2 位小数的结果均为 1.54。

3.0.5 造价成果数据的精度应符合下列规定:
1 费率需要计算的数值结果保留 3 位小数。
2 工料机消耗数量计算结果保留 3 位小数。
3 工料机单价计算结果保留 2 位小数。
4 金额计算结果取整。

3.0.6 编制造价过程中的不同类型数据的计算精度应符合下列规定:
1 费率计算过程中,费率值保留 3 位小数;在加权计算及内插计算过程中不作精度舍入,最后保留 3 位小数。
2 工料机消耗数量 = 定额工程数量 × 定额消耗量,结果保留 3 位小数。
3 工料机单价计算应符合下列规定:
1)运杂费 =(吨·公里运价 × 运距)× 毛重系数 + 装卸费用 + 其他费用,结果保留 2 位小数;有多方案运输时,运杂费合计 = ∑运杂费 × 加权系数,结果保留 2 位小数。
2)自采及自办运输材料计算精度参照建安费计算规则及精度要求。
3)材料预算单价 =(材料原价 + 运杂费)×(1 + 场外运输损耗率)×(1 + 采购及保管费率)- 包装品回收价值,结果保留 2 位小数。
4)机械台班单价计算应符合下列规定:
——不变费用 = 定额不变费用 × 调整系数,结果保留 2 位小数;
——各项可变费用 = 定额消耗量 × 单价,结果保留 2 位小数;
——可变费用 = ∑各项可变费用 + 车船税,结果保留 2 位小数;
——台班单价 = 不变费用 + 可变费用,结果保留 2 位小数。
4 金额计算应符合下列规定:
1)基础计算应符合下列规定:
——人工费 = ∑人工消耗量 × 人工单价,结果取整;
——定额人工费 = ∑人工消耗量 × 人工基价,结果取整;
——材料费 = ∑材料消耗量 × 材料预算单价,结果取整;
——定额材料费 = ∑材料消耗量 × 材料基价,结果取整;
——施工机械使用费 = ∑机械台班消耗量 × 机械台班预算单价,结果取整;
——定额施工机械使用费 = ∑机械台班消耗量 × 机械台班基价,结果取整;
——机械人工费 = 机械台班定额中人工消耗量 × 机械工人工预算单价 × 台班消耗量 × 定额工程数量,结果取整;
——人工费(含施工机械人工费)= 人工费 + 施工机械人工费,结果取整。

2）直接费计算应符合下列规定：
——工料机金额 = 工料机各项的单价×工料机消耗数量，结果取整；
——直接费 = ∑工料机金额，结果取整。

3）定额直接费计算应符合下列规定：
——工料机金额 = 工料机各项的基价×数量，结果取整；
——定额直接费 = ∑工料机金额，结果取整。

4）措施费计算应符合下列规定：
——措施费Ⅰ = 定额直接费×施工辅助费费率，结果取整；
——措施费Ⅱ =（定额人工费 + 定额施工机械使用费）×其余措施费综合费率，结果取整。

5）企业管理费 = 定额直接费×企业管理费综合费率，结果取整。

6）规费 = 各类工程人工费（含施工机械人工费）×规费综合费率，结果取整。

7）利润 = （定额直接费 + 措施费 + 企业管理费）×利润率，结果取整。

8）税金 =（直接费 + 设备购置费 + 措施费 + 企业管理费 + 规费 + 利润）×税率，结果取整。

9）设备购置费计算应符合下列规定：
——设备购置费 = 设备数量×设备预算单价，结果取整；
——定额设备购置费 = 设备数量×设备基价，结果取整；
——设备税金 = 设备购置费×税率，结果取整；
——设备费 = 设备购置费 + 设备税金，结果取整；
——定额设备费 = 定额设备购置费 + 设备税金，结果取整。

10）专项费用计算应符合下列规定：
——专项费用 = 施工场地建设费 + 安全生产费，结果取整；
——施工场地建设费 =（定额直接费 + 措施费 + 企业管理费 + 规费 + 利润 + 税金）× 累进费率，结果取整；
——安全生产费 = 建筑安装工程费(不含安全生产费本身)×安全生产费费率，结果取整。

11）定额建筑安装工程费计算应符合下列规定：
——定额建筑安装工程费Ⅰ = 定额直接费 + 定额设备购置费 + 措施费 + 企业管理费 + 规费 + 利润 + 税金 + 专项费用，结果取整；
——定额建筑安装工程费Ⅱ = 定额直接费 + 定额设备购置费×40% + 措施费 + 企业管理费 + 规费 + 利润 + 税金 + 专项费用，结果取整。

12）建筑安装工程费 = 直接费 + 设备购置费 + 措施费 + 企业管理费 + 规费 + 利润 + 税金 + 专项费用，结果取整。

13）其他费用计算应符合下列规定：
（1）建设单位（业主）管理费、建设项目信息化费、工程监理费、设计文件审查费、建设项目前期工作费、联合试运转费采用的计算基数为"定额建筑安装工程费Ⅱ"。
（2）其他各项费用计算后取整。

3.0.7 运算符应采用半角状态下的"+""-""*""/""^""()"。

4 造价依据数据标准

4.1 造价依据 < BasicFile >

4.1.1 公路工程造价依据 XML 文档必须只有一个名为造价依据 < BasicFile > 的根元素。

4.2 造价依据数据结构

4.2.1 公路工程造价依据 XML 文档中各元素关系如图 4.2.1 所示。

4.3 造价依据基类 < LibBase >

4.3.1 定额库 < NormLib >、工料机库 < PractLib >、费率标准库 < RateLib >、要素费用项目（清单）表库 < ItemStandardLib >、车船税费库 < TaxLib >、价格信息 < PriceLib >、人工单价 < MpPriceLib >、规费费率 < FeeRateLib >、利润率 < ProfitRateLib >、税率 < TaxRateLib > 元素必须继承造价依据基类 < LibBase >。
  1 造价依据基类 < LibBase > 的结构如图 4.3.1 所示。
  2 造价依据基类 < LibBase > 属性见表 4.3.1。

条文说明

  数据类型即属性类型，指用于界定一个属性所要保存的数据的类型，包括字符型、整型、双精度型、日期型、枚举型。属性类型根据需要选择确定。
  （1）字符型（String）：可以保存任何类型的数据。
  （2）整型（Integer）：由数字组成，用于代表一个属性的数值。
  （3）双精度型（Double）：由数字组成，用于代表一个属性的数值，可含有小数点。
  （4）日期型（Datetime）：用于保存日期数据，格式为 YYYY-MM-DD 或 YYYY-MM-DD HH：MM，如：2017-08-24 或 2017-08-24 08：30。
  （5）枚举型（String）：仅可使用特定的值作为属性值。

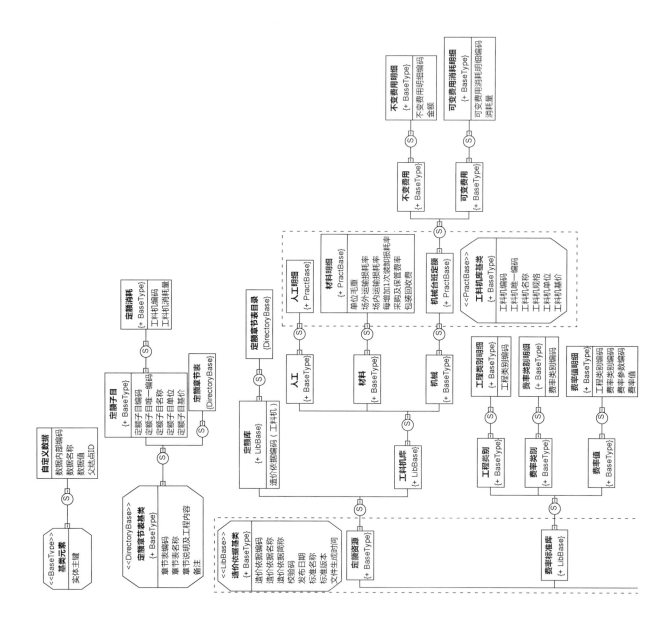

造价依据数据标准

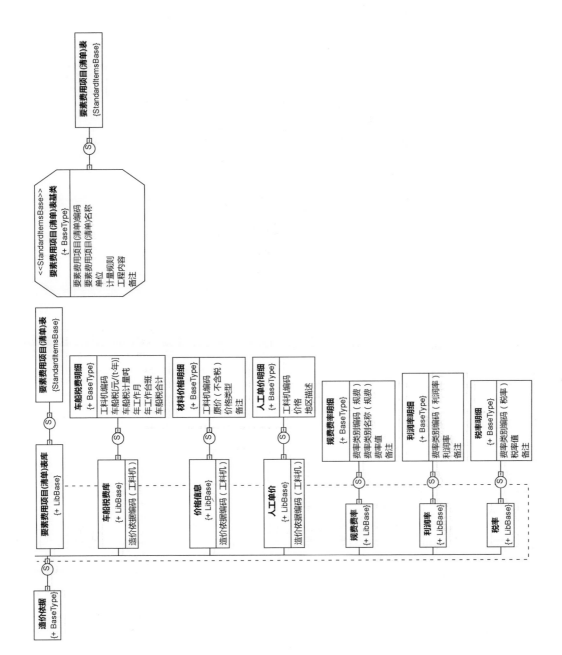

图4.2.1 造价依据数据结构图

— 9 —

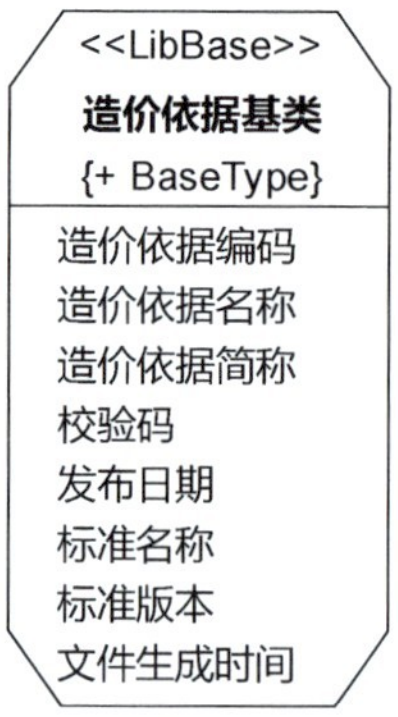

```
        <<LibBase>>
         造价依据基类
         {+ BaseType}
         造价依据编码
         造价依据名称
         造价依据简称
         校验码
         发布日期
         标准名称
         标准版本
         文件生成时间
```

图 4.3.1　造价依据基类 <LibBase> 结构图

表 4.3.1　造价依据基类 <LibBase> 属性列表

序号	属性名称	中文解释	数据类型	必填	备注
1	LibNo	造价依据编码	String	√	详见本标准第 6.2 节
2	LibName	造价依据名称	String	√	详见本标准第 6.2 节
3	ShortName	造价依据简称	String		
4	CheckCode	校验码	String	√	
5	ReleaseDate	发布日期	Datetime	√	造价依据发布日期
6	Name	标准名称	String	√	本标准的名称
7	Version	标准版本	String	√	本标准的版本号
8	MakeDate	文件生成时间	Datetime	√	生成造价依据电子数据文件时的计算机系统时间，格式为 YYYY-MM-DD HH:MM

4.4　定额资源 <NormFile>

4.4.1　定额资源 <NormFile> 应符合下列规定：

1　造价依据 <BasicFile> 元素包含零个或一个定额资源 <NormFile> 元素作为其子元素。

2　定额资源 <NormFile> 的结构如图 4.4.1 所示。

3　定额资源 <NormFile> 的子元素包含定额库 <NormLib>、工料机库 <PractLib>，见表 4.4.1。

表 4.4.1　定额资源 <NormFile> 子元素列表

序号	属性名称	中文解释	必填	备注
1	NormLib	定额库	√	
2	PractLib	工料机库	√	

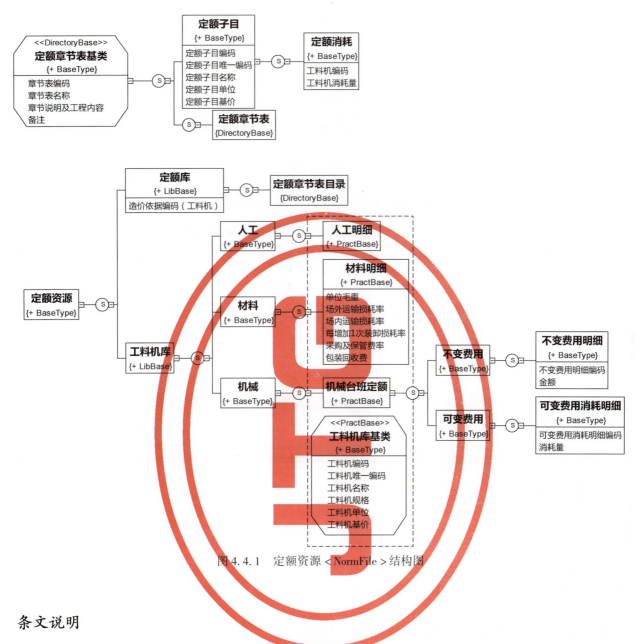

图 4.4.1 定额资源 <NormFile> 结构图

条文说明

本标准所指"工料机"包含人工、材料、机械、设备。

4.4.2 定额库 <NormLib> 应符合下列规定:

1 定额资源 <NormFile> 元素应包含一个或多个定额库 <NormLib> 元素作为其子元素。

2 定额库 <NormLib> 的子元素为定额章节表目录 <Directorys>，见表 4.4.2-1。

表 4.4.2-1 定额库 <NormLib> 子元素列表

序号	属性名称	中文解释	必填	备注
1	Directorys	定额章节表目录	√	

3 定额库 <NormLib> 的属性继承造价依据基类 <LibBase>，见本标准第 4.3 节，其他属性见表 4.4.2-2。

表 4.4.2-2 定额库 <NormLib> 属性列表

序号	属性名称	中文解释	数据类型	必填	备注
1	PractlibNo	造价依据编码（工料机）	String	√	详见本标准第 6.2 节

4.4.3 定额章节表目录 <Directorys> 应符合下列规定：

1 定额库 <NormLib> 元素应包含一个或多个定额章节表目录 <Directorys> 元素作为其子元素。

2 定额章节表目录 <Directorys> 的属性继承定额章节表基类 <DirectoryBase>，见本标准第 4.4.4 条。

4.4.4 定额章节表基类 <DirectoryBase> 应符合下列规定：

1 定额章节表目录 <Directorys> 应继承定额章节表基类 <DirectoryBase>。

2 定额章节表基类 <DirectoryBase> 元素可按树状层次进行多级扩展。

3 定额章节表基类 <DirectoryBase> 的子元素为定额子目 <Item>、定额章节表 <Directorys>，见表 4.4.4-1。

表 4.4.4-1 定额章节表基类 <DirectoryBase> 子元素列表

序号	属性名称	中文解释	必填	备注
1	Item	定额子目	√	
2	Directorys	定额章节表		

4 定额章节表基类 <DirectoryBase> 的属性见表 4.4.4-2。

表 4.4.4-2 定额章节表基类 <DirectoryBase> 属性列表

序号	属性名称	中文解释	数据类型	必填	备注
1	Code	章节表编码	String	√	详见本标准第 7.7 节
2	Name	章节表名称	String	√	
3	Content	章节说明及工程内容	String		
4	Remarks	备注	String		

4.4.5 定额子目 <Item> 应符合下列规定：

1 定额章节表基类 <DirectoryBase> 元素包含一个或多个定额子目 <Item> 元素作为其子元素。

2 定额子目 <Item> 的子元素为定额消耗 <Consume>，见表 4.4.5-1。

表 4.4.5-1　定额子目 <Item> 子元素列表

序号	属性名称	中文解释	必填	备注
1	Consume	定额消耗	√	

3 定额子目 <Item> 的属性见表 4.4.5-2。

表 4.4.5-2　定额子目 <Item> 属性列表

序号	属性名称	中文解释	数据类型	必填	备注
1	Code	定额子目编码	String	√	详见本标准第 6.7 节
2	Uuid	定额子目唯一编码	String	√	
3	Name	定额子目名称	String	√	
4	Unit	定额子目单位	String	√	
5	Price	定额子目基价	Double	√	

条文说明

为表达数据之间的关联（对应）关系，在部分数据元素中设置了名为 Uuid 的属性，含义说明为"×××唯一编码"，XML 文档中要保证该内部编码属性取值在同一要素数据集中的唯一性。

4.4.6 定额消耗 <Consume> 应符合下列规定：

1 定额子目 <Item> 元素包含一个或多个定额消耗 <Consume> 元素作为其子元素。

2 定额子目 <Item> 的属性见表 4.4.6。

表 4.4.6　定额子目 <Item> 属性列表

序号	属性名称	中文解释	数据类型	必填	备注
1	Code	工料机编码	String	√	详见本标准第 6.5 节
2	Consumption	工料机消耗量	Double	√	

4.4.7 定额章节表 <Directorys> 应符合下列规定：

1 定额章节表基类 <DirectoryBase> 元素可包含一个或多个定额章节表 <Directorys> 元素作为其子元素。

2 定额章节表 <Directorys> 的属性继承定额章节表基类 <DirectoryBase>，见本标准第 4.4.4 条。

4.4.8 工料机库 <PractLib> 应符合下列规定：

1 定额资源 <NormFile> 元素应包含一个或多个工料机库 <PractLib> 元素作为其子元素。

2 工料机库 <PractLib> 的子元素包含人工 <Mps>、材料 <Materials>、机械 <Mechs>，见表 4.4.8。

表 4.4.8 工料机库 <PractLib> 子元素列表

序号	属性名称	中文解释	必填	备注
1	Mps	人工	√	
2	Materials	材料	√	
3	Mechs	机械	√	

3 工料机库 <PractLib> 的属性继承造价依据基类 <LibBase>，见本标准第 4.3 节。

4.4.9 人工 <Mps> 应符合下列规定：

1 工料机库 <PractLib> 元素应包含一个且仅有一个人工 <Mps> 元素作为其子元素。

2 人工 <Mps> 的子元素为人工明细 <Mp>，见表 4.4.9。

表 4.4.9 人工 <Mps> 子元素列表

序号	属性名称	中文解释	必填	备注
1	Mp	人工明细	√	

4.4.10 人工明细 <Mp> 应符合下列规定：

1 人工 <Mps> 元素应包含一个或多个人工明细 <Mp> 元素作为其子元素。

2 人工明细 <Mp> 的属性继承工料机库基类 <PractBase>，见本标准第 4.4.11 条。

4.4.11 人工明细 <Mp>、材料明细 <Material>、机械台班定额 <Mech> 元素应继承工料机库基类 <PractBase>。工料机库基类 <PractBase> 属性见表 4.4.11。

表 4.4.11 工料机库基类 <PractBase> 属性列表

序号	属性名称	中文解释	数据类型	必填	备注
1	Code	工料机编码	String	√	详见本标准第 6.5 节
2	Uuid	工料机唯一编码	String	√	
3	Name	工料机名称	String	√	
4	Spec	工料机规格	String	√	
5	Unit	工料机单位	String	√	
6	NormPrice	工料机基价	Double	√	

4.4.12 材料 < Materials > 应符合下列规定：

1 工料机库 < PractLib > 元素应包含一个且仅有一个材料 < Materials > 元素作为其子元素。

2 材料 < Materials > 的子元素为材料明细 < Material >，见表4.4.12。

表 4.4.12　材料 < Materials > 属性列表

序号	属性名称	中文解释	必填	备注
1	Material	材料明细	√	

4.4.13 材料明细 < Material > 应符合下列规定：

1 材料 < Materials > 元素应包含一个或多个材料明细 < Material > 作为其子元素。

2 材料明细 < Material > 的属性继承工料机库基类 < PractBase >，见本标准第4.4.11条，其他属性见表4.4.13。

表 4.4.13　材料明细 < Material > 属性列表

序号	属性名称	中文解释	数据类型	必填	备注
1	GwRate	单位毛重	Double	√	
2	OffSiteLf	场外运输损耗率	Double	√	
3	OnSiteLf	场内运输损耗率	Double	√	
4	LoadLf	每增加1次装卸损耗率	Double	√	
5	StoreRate	采购及保管费率	Double	√	
6	PackageRecycleFee	包装回收费	Double	√	

4.4.14 机械 < Mechs > 应符合下列规定：

1 工料机库 < PractLib > 元素应包含一个且仅有一个机械 < Mechs > 元素作为其子元素。

2 机械 < Mechs > 的子元素为机械台班定额 < Mech >，见表4.4.14。

表 4.4.14　机械 < Mechs > 子元素列表

序号	属性名称	中文解释	必填	备注
1	Mech	机械台班定额	√	

4.4.15 机械台班定额 < Mech > 应符合下列规定：

1 机械 < Mechs > 元素应包含一个或多个机械台班定额 < Mech > 元素作为其子元素。

2 机械台班定额 < Mech > 的子元素包含不变费用 < FixedCost >、可变费用 < VariableCost >，见表4.4.15。

表 4.4.15　机械台班定额 <Mech> 子元素列表

序号	属性名称	中文解释	必填	备注
1	FixedCost	不变费用	√	
2	VariableCost	可变费用	√	

3　机械台班定额 <Mech> 的属性继承工料机库基类 <PractBase>，见本标准第 4.4.11 条。

4.4.16　不变费用 <FixedCost> 应符合下列规定：

1　机械台班定额 <Mech> 元素应包含一个且仅有一个不变费用 <FixedCost> 元素作为其子元素。

2　不变费用 <FixedCost> 的子元素为不变费用明细 <FixedCostItem>，见表 4.4.16。

表 4.4.16　不变费用 <FixedCost> 子元素列表

序号	属性名称	中文解释	必填	备注
1	FixedCostItem	不变费用明细	√	

4.4.17　不变费用明细 <FixedCostItem> 应符合下列规定：

1　不变费用 <FixedCost> 元素应包含一个或多个不变费用明细 <FixedCostItem> 元素作为其子元素。

2　不变费用明细 <FixedCostItem> 的属性见表 4.4.17。

表 4.4.17　不变费用明细 <FixedCostItem> 属性列表

序号	属性名称	中文解释	数据类型	必填	备注
1	FixedCostNo	不变费用明细编码	String	√	详见本标准第 6.6.1 条
2	Sum	金额	Double	√	

4.4.18　可变费用 <VariableCost> 应符合下列规定：

1　机械 <Mechs> 元素应包含一个且仅有一个可变费用 <VariableCost> 元素作为其子元素。

2　可变费用 <VariableCost> 的子元素为可变费用消耗明细 <VariableCostItem>，见表 4.4.18。

表 4.4.18　可变费用 <VariableCost> 子元素列表

序号	属性名称	中文解释	必填	备注
1	VariableCostItem	可变费用消耗明细	√	

4.4.19　可变费用消耗明细 <VariableCostItem> 应符合下列规定：

1 可变费用 < VariableCost > 元素应包含一个或多个可变费用消耗明细 < VariableCostItem > 元素作为其子元素。

2 可变费用消耗明细 < VariableCostItem > 的属性见表 4.4.19。

表 4.4.19 可变费用消耗明细 < VariableCostItem > 属性列表

序号	属性名称	中文解释	数据类型	必填	备注
1	VariableCostNo	可变费用消耗明细编码	String	√	详见本标准第 6.6.2 条
2	Consumption	消耗量	Double	√	

4.5 费率标准库 < RateLib >

4.5.1 费率标准库 < RateLib > 应符合下列规定：

1 造价依据 < BasicFile > 元素包含零个或多个费率标准库 < RateLib > 元素作为其子元素。

2 费率标准库 < RateLib > 的结构如图 4.5.1 所示。

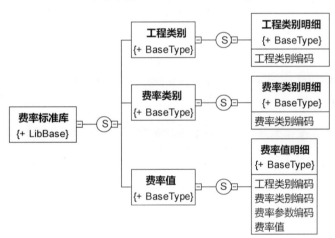

图 4.5.1 费率标准库 < RateLib > 结构图

3 费率标准库 < RateLib > 的子元素包含工程类别 < CostTypes >、费率类别 < RateTypes >、费率值 < RateValues >，见表 4.5.1。

表 4.5.1 费率标准库 < RateLib > 子元素列表

序号	属性名称	中文解释	必填	备注
1	CostTypes	工程类别	√	
2	RateTypes	费率类别	√	
3	RateValues	费率值	√	

4 费率标准库 < RateLib > 的属性继承造价依据基类 < LibBase >，见本标准第 4.3 节。

4.5.2 工程类别 < CostTypes > 应符合下列规定：

1 费率标准库 < RateLib > 元素应包含一个且仅有一个工程类别 < CostTypes > 元素作为其子元素。

2 工程类别 <CostTypes> 的子元素为工程类别明细 <CostType>，见表 4.5.2。

表 4.5.2 工程类别 <CostTypes> 子元素列表

序号	属性名称	中文解释	必填	备注
1	CostType	工程类别明细	√	

4.5.3 工程类别明细 <CostType> 应符合下列规定：

1 工程类别 <CostTypes> 元素应包含一个或多个工程类别明细 <CostType> 元素作为其子元素。

2 工程类别明细 <CostType> 的属性见表 4.5.3。

表 4.5.3 工程类别明细 <CostType> 属性列表

序号	属性名称	中文解释	数据类型	必填	备注
1	CostTypeNo	工程类别编码	String	√	详见本标准第 6.3 节

4.5.4 费率类别 <RateTypes> 应符合下列规定：

1 费率标准库 <RateLib> 元素应包含一个且仅有一个费率类别 <RateTypes> 元素作为其子元素。

2 费率类别 <RateTypes> 的子元素为费率类别明细 <RateType>，见表 4.5.4。

表 4.5.4 费率类别 <RateTypes> 子元素列表

序号	属性名称	中文解释	必填	备注
1	RateType	费率类别明细	√	

4.5.5 费率类别明细 <RateType> 应符合下列规定：

1 费率类别 <RateTypes> 元素应包含一个或多个费率类别明细 <RateType> 元素作为其子元素。

2 费率类别明细 <RateType> 的属性见表 4.5.5。

表 4.5.5 费率类别明细 <RateType> 属性列表

序号	属性名称	中文解释	数据类型	必填	备注
1	RateTypeNo	费率类别编码	String	√	详见本标准第 6.4.1 条

4.5.6 费率值 <RateValues> 应符合下列规定：

1 费率标准库 <RateLib> 元素应包含一个且仅有一个费率值 <RateValues> 元素作为其子元素。

2 费率值 <RateValues> 的子元素为费率值明细 <RateValue>，见表 4.5.6。

表 4.5.6　费率值 <RateValues> 子元素列表

序号	属性名称	中文解释	必填	备注
1	RateValue	费率值明细	√	

4.5.7　费率值明细 <RateValue> 应符合下列规定：

1　费率值 <RateValues> 元素应包含一个或多个费率值明细 <RateValue> 元素作为其子元素。

2　费率值明细 <RateValue> 的属性见表 4.5.7。

表 4.5.7　费率值明细 <RateValue> 属性列表

序号	属性名称	中文解释	数据类型	必填	备注
1	CostTypeNo	工程类别编码	String	√	详见本标准第 6.3 节
2	RateTypeNo	费率类别编码	String	√	详见本标准第 6.4 节
3	RateParamNo	费率参数编码	String	√	
4	RateValue	费率值	Double	√	

4.6　要素费用项目（清单）表库 <ItemStandardLib>

4.6.1　要素费用项目（清单）表库 <ItemStandardLib> 应符合下列规定：

1　造价依据 <BasicFile> 元素包含零个或多个要素费用项目（清单）表库 <ItemStandardLib> 元素作为其子元素。

2　要素费用项目（清单）表库 <ItemStandardLib> 的结构如图 4.6.1 所示。

图 4.6.1　要素费用项目（清单）表库 <ItemStandardLib> 结构图

3　要素费用项目（清单）表库 <ItemStandardLib> 的子元素为要素费用项目（清单）表 <StandardItems>，见表 4.6.1。

表 4.6.1　要素费用项目（清单）表库 <ItemStandardLib> 子元素列表

序号	属性名称	中文解释	必填	备注
1	StandardItems	要素费用项目（清单）表	√	

4　要素费用项目（清单）表库 <ItemStandardLib> 的属性继承造价依据基类 <LibBase>，见本标准第 4.3 节。

条文说明

要素费用项目（清单）指贯穿工程造价管理全过程，具有固定统一的编码、工程或费用名称、统计单位、工作内容、计量规则等，并为反映公路工程造价总体情况而规定的通用的基本费用项目。本标准要素费用项目（清单）引用《公路工程建设项目投资估算编制办法》（JTG 3820—2018）附录B投资估算项目表和《公路工程建设项目概算预算编制办法》（JTG 3830—2018）附录B概算预算项目表以及《公路工程标准施工招标文件》（2018年版）5.1工程量清单表。

4.6.2 要素费用项目（清单）表 <StandardItems> 应符合下列规定：

1 要素费用项目（清单）表库 <ItemStandardLib> 元素应包含一个或多个要素费用项目（清单）表 <StandardItems> 元素作为其子元素。

2 要素费用项目（清单）表 <StandardItems> 元素可按树状层次进行多级扩展。

3 要素费用项目（清单）表 <StandardItems> 的属性继承要素费用项目（清单）表基类 <StandardItemsBase>，见本标准第4.6.3条。

4.6.3 要素费用项目（清单）表基类 <StandardItemsBase> 应符合下列规定：

1 要素费用项目（清单）表 <StandardItems> 应继承要素费用项目（清单）表基类 <StandardItemsBase>。

2 要素费用项目（清单）表基类 <StandardItemsBase> 元素可按树状层次进行多级扩展。

3 要素费用项目（清单）表基类 <StandardItemsBase> 的子元素为要素费用项目（清单）表 <StandardItems>，见表4.6.3-1。

表4.6.3-1 要素费用项目（清单）表基类 <StandardItemsBase> 子元素列表

序号	属性名称	中文解释	必填	备注
1	StandardItems	要素费用项目（清单）表		

4 要素费用项目（清单）表基类 <StandardItemsBase> 的属性见表4.6.3-2。

表4.6.3-2 要素费用项目（清单）表基类 <StandardItemsBase> 属性列表

序号	属性名称	中文解释	数据类型	必填	备注
1	ItemCode	要素费用项目（清单）编码	String	√	详见本标准第6.8节
2	ItemName	要素费用项目（清单）名称	String	√	
3	Unit	单位	String	√	
4	MeterRules	计量规则	String		
5	Content	工程内容	String		
6	Remarks	备注	String		

4.7 车船税费库 <TaxLib>

4.7.1 车船税费库 <TaxLib> 应符合下列规定：

1 造价依据 <BasicFile> 元素包含零个或多个车船税费库 <TaxLib> 元素作为其子元素。

2 车船税费库 <TaxLib> 的结构如图 4.7.1 所示。

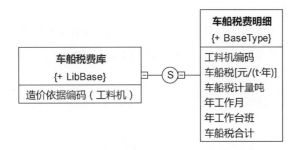

图 4.7.1 车船税费库 <TaxLib> 结构图

3 车船税费库 <TaxLib> 的子元素为车船税费明细 <TaxItem>，见表 4.7.1-1。

表 4.7.1-1 车船税费库 <TaxLib> 子元素列表

序号	属性名称	中文解释	必填	备注
1	TaxItem	车船税费明细	√	

4 车船税费库 <TaxLib> 的属性继承造价依据基类 <LibBase>，见本标准第 4.3 节，其他属性见表 4.7.1-2。

表 4.7.1-2 车船税费库 <TaxLib> 属性列表

序号	属性名称	中文解释	数据类型	必填	备注
1	PractlibNo	造价依据编码（工料机）	String	√	详见本标准第 6.2 节

4.7.2 车船税费明细 <TaxItem> 应符合下列规定：

1 车船税费库 <TaxLib> 元素应包含一个或多个车船税费明细 <TaxItem> 元素作为其子元素。

2 车船税费明细 <TaxItem> 的属性见表 4.7.2。

表 4.7.2 车船税费明细 <TaxItem> 属性列表

序号	属性名称	中文解释	数据类型	必填	备注
1	Code	工料机编码	String	√	详见本标准第 6.5 节
2	UseTax	车船税［元/（t·年）］	Double		
3	UseTaxTon	车船税计量吨	Double		
4	MonthPerYear	年工作月	Double		
5	DayPerYear	年工作台班	Double		
6	TaxAmount	车船税合计	Double	√	

4.8 价格信息 <PriceLib>

4.8.1 价格信息 <PriceLib> 应符合下列规定：

1 造价依据 <BasicFile> 元素包含零个或多个价格信息 <PriceLib> 元素作为其子元素。

2 价格信息 <PriceLib> 的结构如图4.8.1所示。

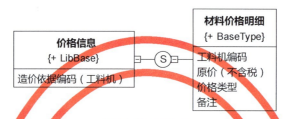

图4.8.1 价格信息 <PriceLib> 结构图

3 价格信息 <PriceLib> 的子元素为材料价格明细 <Material>，见表4.8.1-1。

表4.8.1-1 价格信息 <PriceLib> 子元素列表

序号	属性名称	中文解释	必填	备注
1	Material	材料价格明细	√	

4 价格信息 <PriceLib> 的属性继承造价依据基类 <LibBase>，见本标准第4.3节，其他属性见表4.8.1-2。

表4.8.1-2 价格信息 <PriceLib> 属性列表

序号	属性名称	中文解释	数据类型	必填	备注
1	PractlibNo	造价依据编码（工料机）	String	√	详见本标准第6.2节

4.8.2 材料价格明细 <Material> 应符合下列规定：

1 价格信息 <PriceLib> 元素应包含一个或多个材料价格明细 <Material> 元素作为其子元素。

2 材料价格明细 <Material> 的属性见表4.8.2。

表4.8.2 材料价格明细 <Material> 属性列表

序号	属性名称	中文解释	数据类型	必填	备注
1	Code	工料机编码	String	√	详见本标准第6.5节
2	TaxPrice	原价（不含税）	Double	√	
3	PriceType	价格类型	String		
4	Remarks	备注	String		

4.9 人工单价 <MpPriceLib>

4.9.1 人工单价 <MpPriceLib> 应符合下列规定：

1 造价依据 <BasicFile> 元素包含零个或多个人工单价 <MpPriceLib> 元素作为其子元素。

2 人工单价 <MpPriceLib> 的结构如图 4.9.1 所示。

图 4.9.1 人工单价 <MpPriceLib> 结构图

3 人工单价 <MpPriceLib> 的子元素为人工单价明细 <MpPrice>，见表 4.9.1-1。

表 4.9.1-1 人工单价 <MpPriceLib> 子元素列表

序号	属性名称	中文解释	必填	备注
1	MpPrice	人工单价明细	√	

4 人工单价 <MpPriceLib> 的属性继承造价依据基类 <LibBase>，见本标准第 4.3 节，其他属性见表 4.9.1-2。

表 4.9.1-2 人工单价 <MpPriceLib> 属性列表

序号	属性名称	中文解释	数据类型	必填	备注
1	PractlibNo	造价依据编码（工料机）	String	√	详见本标准第 6.2 节

4.9.2 人工单价明细 <MpPrice> 应符合下列规定：

1 人工单价 <MpPriceLib> 元素应包含一个或多个人工单价明细 <MpPrice> 元素作为其子元素。

2 人工单价明细 <MpPrice> 的属性见表 4.9.2。

表 4.9.2 人工单价明细 <MpPrice> 属性列表

序号	属性名称	中文解释	数据类型	必填	备注
1	Code	工料机编码	String	√	详见本标准第 6.5 节
2	Price	价格	Double	√	
3	Area	地区描述	String		

4.10 规费费率 <FeeRateLib>

4.10.1 规费费率 <FeeRateLib> 应符合下列规定：

1 造价依据 <BasicFile> 元素包含零个或多个规费费率 <FeeRateLib> 元素作为其

子元素。

2 规费费率＜FeeRateLib＞的结构如图4.10.1所示。

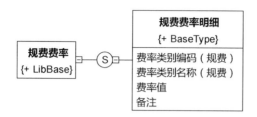

图4.10.1 规费费率＜FeeRateLib＞结构图

3 规费费率＜FeeRateLib＞的子元素为规费费率明细＜FeeRates＞，见表4.10.1。

表4.10.1 规费费率＜FeeRateLib＞子元素列表

序号	属性名称	中文解释	必填	备注
1	FeeRates	规费费率明细	√	

4 规费费率＜FeeRateLib＞的属性继承造价依据基类＜LibBase＞，见本标准第4.3节。

4.10.2 规费费率明细＜FeeRates＞应符合下列规定：

1 规费费率＜FeeRateLib＞元素应包含一个或多个规费费率明细＜FeeRates＞元素作为其子元素。

2 规费费率明细＜FeeRates＞的属性见表4.10.2。

表4.10.2 规费费率明细＜FeeRates＞属性列表

序号	属性名称	中文解释	数据类型	必填	备注
1	Code	费率类别编码（规费）	String	√	详见本标准第6.4.1条
2	Name	费率类别名称（规费）	String	√	
3	Value	费率值	Double	√	
4	Remarks	备注	String		

4.11 利润率＜ProfitRateLib＞

4.11.1 利润率＜ProfitRateLib＞应符合下列规定：

1 造价依据＜BasicFile＞元素包含零个或多个利润率＜ProfitRateLib＞元素作为其子元素。

2 利润率＜ProfitRateLib＞的结构如图4.11.1所示。

3 利润率＜ProfitRateLib＞的子元素为利润率明细＜ProfitRates＞，见表4.11.1。

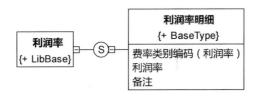

图 4.11.1 利润率 < ProfitRateLib > 结构图

表 4.11.1 利润率 < ProfitRateLib > 子元素列表

序号	属性名称	中文解释	必填	备注
1	ProfitRates	利润率明细	√	

4 利润率 < ProfitRateLib > 的属性继承造价依据基类 < LibBase >，见本标准第 4.3 节。

4.11.2 利润率明细 < ProfitRates > 应符合下列规定：

1 利润率 < ProfitRateLib > 元素应包含一个或多个利润率明细 < ProfitRates > 元素作为其子元素。

2 利润率明细 < ProfitRates > 的属性见表 4.11.2。

表 4.11.2 利润率明细 < ProfitRates > 属性列表

序号	属性名称	中文解释	数据类型	必填	备注
1	Code	费率类别编码（利润率）	String	√	详见本标准第 6.4.1 条
2	Value	利润率	Double	√	
3	Remarks	描述	String		

4.12 税率 < TaxRateLib >

4.12.1 税率 < TaxRateLib > 应符合下列规定：

1 造价依据 < BasicFile > 元素包含零个或多个税率 < TaxRateLib > 元素作为其子元素。

2 税率 < TaxRateLib > 的结构如图 4.12.1 所示。

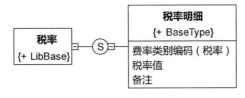

图 4.12.1 税率 < TaxRateLib > 结构图

3 税率 < TaxRateLib > 的子元素为税率明细 < TaxRates >，见表 4.12.1。

表 4.12.1 税率 < TaxRateLib > 子元素列表

序号	属性名称	中文解释	必填	备注
1	TaxRates	税率明细	√	

4 税率<TaxRateLib>的属性继承造价依据基类<LibBase>，见本标准第4.3节。

4.12.2 税率明细<TaxRates>应符合下列规定：

1 税率<TaxRateLib>元素应包含一个或多个税率明细<TaxRates>元素作为其子元素。

2 税率明细<TaxRates>的属性见表4.12.2。

表4.12.2 税率明细<TaxRates>属性列表

序号	属性名称	中文解释	数据类型	必填	备注
1	Code	费率类别编码（税率）	String	√	详见本标准第6.4.1条
2	TaxValue	税率值	Double	√	
3	Remarks	描述	String		

5 造价成果数据标准

5.1 造价成果数据

5.1.1 公路工程造价成果数据分为估概预算（清单）和工程决算两类造价成果数据，每一类造价成果数据 XML 文档必须只有一个名为建设项目 <CprjInfo> 的根元素。

5.2 估概预算（清单）成果数据

5.2.1 估概预算（清单）成果数据结构
1 估概预算（清单）成果 XML 文档中各元素关系如图 5.2.1 所示。
2 建设项目 <CprjInfo> 应符合下列规定：
 1）公路工程估概预算（清单）成果 XML 文档应只有一个名为建设项目 <CprjInfo> 的根元素。
 2）建设项目 <CprjInfo> 的子元素包含基本信息 <SystemInfo>、造价依据 <CostBasis>、费率文件 <Rate>、工料机单价文件 <Pract>、项目分段 <EprjInfo>、项目造价指标 <Indexs>，见表 5.2.1-1。
 3）建设项目 <CprjInfo> 的属性见表 5.2.1-2。

5.2.2 基本信息 <SystemInfo> 应符合下列规定：
1 建设项目 <CprjInfo> 元素应包含一个基本信息 <SystemInfo> 元素作为其子元素。
2 基本信息 <SystemInfo> 的结构如图 5.2.2 所示。
3 基本信息 <SystemInfo> 的属性见表 5.2.2。

5.2.3 造价依据 <CostBasis>
1 造价依据 <CostBasis> 应符合下列规定：
 1）建设项目 <CprjInfo> 元素应包含一个造价依据 <CostBasis> 元素作为其子元素。
 2）造价依据 <CostBasis> 的结构如图 5.2.3 所示。

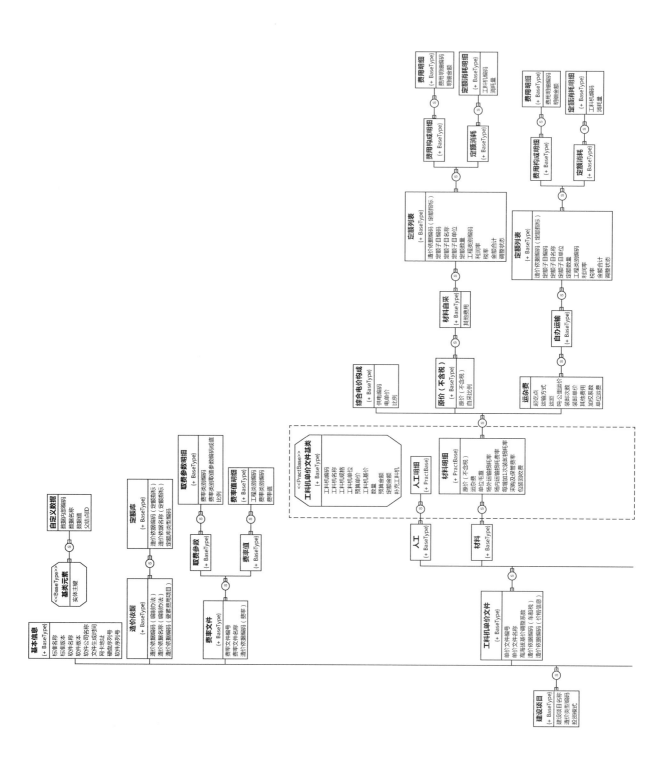

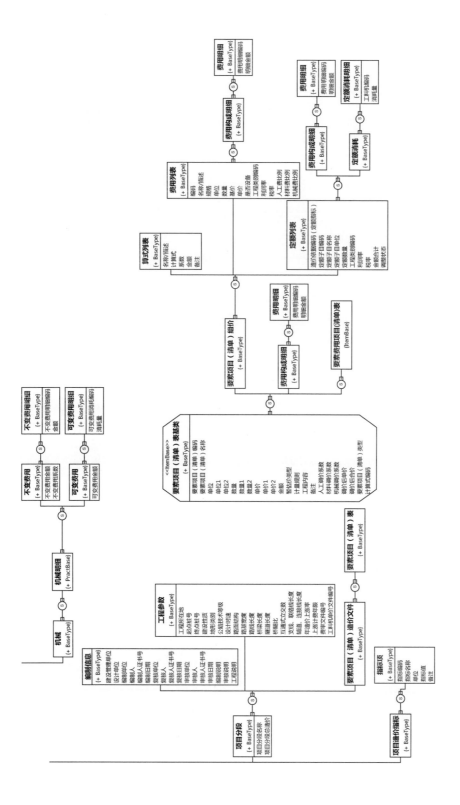

图5.2.1 估概预算(清单)成果数据结构图

表 5.2.1-1　建设项目 <CprjInfo> 子元素列表

序号	属性名称	中文解释	必填	备注
1	SystemInfo	基本信息	√	
2	CostBasis	造价依据	√	
3	Rate	费率文件	√	
4	Pract	工料机单价文件	√	
5	EprjInfo	项目分段	√	
6	Indexs	项目造价指标	√	

表 5.2.1-2　建设项目 <CprjInfo> 属性列表

序号	属性名称	中文解释	数据类型	必填	备注
1	CprjName	建设项目名称	String	√	
2	CprjType	造价类型编码	String	√	详见本标准第 6.1 节
3	InvestType	投资模式	String		

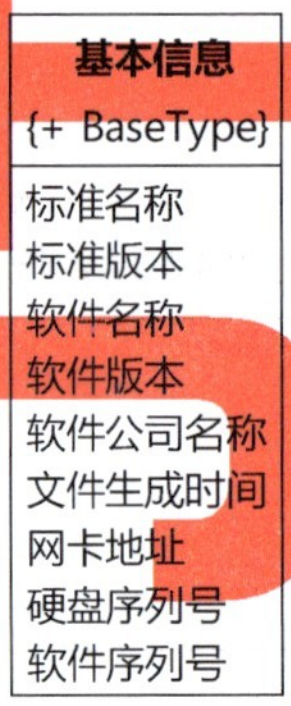

图 5.2.2　基本信息 <SystemInfo> 结构图

表 5.2.2　基本信息 <SystemInfo> 属性列表

序号	属性名称	中文解释	数据类型	必填	备注
1	Name	标准名称	String	√	本标准的名称
2	Version	标准版本	String	√	本标准的版本号
3	SoftwareName	软件名称	String	√	造价软件名称
4	SoftwareVer	软件版本	String	√	造价软件版本
5	SoftwareCompany	软件公司名称	String	√	

续表 5.2.2

序号	属性名称	中文解释	数据类型	必填	备注
6	MakeDate	文件生成时间	Datetime	√	生成造价成果数据文件时的计算机系统时间，格式为 YYYY-MM-DD HH:MM
7	MacAddress	网卡地址	String		生成成果文件的计算机信息
8	HardNumber	硬盘序列号	String		
9	SoftwareNumber	软件序列号	String		

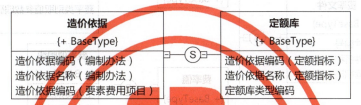

图 5.2.3　造价依据 <CostBasis> 结构图

3) 造价依据 <CostBasis> 的子元素为定额库 <NormLib>，见表 5.2.3-1。

表 5.2.3-1　造价依据 <CostBasis> 子元素列表

序号	属性名称	中文解释	必填	备注
1	NormLib	定额库	√	

4) 造价依据 <CostBasis> 的属性见表 5.2.3-2。

表 5.2.3-2　造价依据 <CostBasis> 属性列表

序号	属性名称	中文解释	数据类型	必填	备注
1	MakeRuleNo	造价依据编码（编制办法）	String	√	详见本标准第 6.2 节
2	MakeRuleName	造价依据名称（编制办法）	String		
3	ItemStandardNo	造价依据编码（要素费用项目）	String		

2　定额库 <NormLib> 应符合下列规定：

1) 造价依据 <CostBasis> 元素应包含一个或多个定额库 <NormLib> 元素作为其子元素。

2) 定额库 <NormLib> 的属性见表 5.2.3-3。

表 5.2.3-3　定额库 <NormLib> 属性列表

序号	属性名称	中文解释	数据类型	必填	备注
1	NormLibNo	造价依据编码（定额指标）	String	√	详见本标准第 6.2 节
2	NormLibName	造价依据名称（定额指标）	String		
3	Type	定额库类型编码	String	√	枚举定义，ZDEK = 主定额库；JYDEK = 借用定额库

5.2.4 费率文件 < Rate >

1 费率文件 < Rate > 应符合下列规定：

1）建设项目 < CprjInfo > 元素应包含一个或多个费率文件 < Rate > 元素作为其子元素。

2）费率文件 < Rate > 的结构如图 5.2.4 所示。

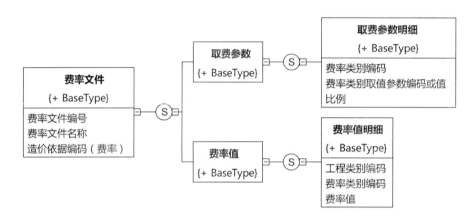

图 5.2.4 费率文件 < Rate > 结构图

3）费率文件 < Rate > 的子元素包含取费参数 < RateParams >、费率值 < RateValues >，见表 5.2.4-1。

表 5.2.4-1 费率文件 < Rate > 子元素列表

序号	属性名称	中文解释	必填	备注
1	RateParams	取费参数	√	
2	RateValues	费率值	√	

4）费率文件 < Rate > 的属性列表见表 5.2.4-2。

表 5.2.4-2 费率文件 < Rate > 属性列表

序号	属性名称	中文解释	数据类型	必填	备注
1	RateNo	费率文件编号	String	√	造价软件生成
2	Name	费率文件名称	String	√	
3	RateLibNo	造价依据编码（费率）	String	√	详见本标准第 6.2 节

2 取费参数 < RateParams > 应符合下列规定：

1）费率文件 < Rate > 元素应包含一个取费参数 < RateParams > 元素作为其子元素。

2）取费参数 < RateParams > 的子元素为取费参数明细 < RateParam >，见

表 5.2.4-3。

表 5.2.4-3 取费参数 <RateParams> 子元素列表

序号	属性名称	中文解释	必填	备注
1	RateParam	取费参数明细	√	

3 取费参数明细 <RateParam> 应符合下列规定：

1）取费参数 <RateParams> 元素应包含一个或多个取费参数明细 <RateParam> 元素作为其子元素。

2）取费参数明细 <RateParam> 的属性见表 5.2.4-4。

表 5.2.4-4 取费参数明细 <RateParam> 属性列表

序号	属性名称	中文解释	数据类型	必填	备注
1	RateTypeNo	费率类别编码	String	√	详见本标准第 6.4 节
2	RateParamNo	费率类别取值参数编码或值	String	√	
3	Ratio	比例	Double	√	

4 费率值 <RateValues> 应符合下列规定：

1）费率文件 <Rate> 元素应包含一个费率值 <RateValues> 元素作为其子元素。

2）费率值 <RateValues> 的子元素为费率值明细 <RateValue>，见表 5.2.4-5。

表 5.2.4-5 费率值 <RateValues> 子元素列表

序号	属性名称	中文解释	必填	备注
1	RateValue	费率值明细	√	

5 费率值明细 <RateValue> 应符合下列规定：

1）费率值 <RateValues> 元素应包含一个或多个费率值明细 <RateValue> 元素作为其子元素。

2）费率值明细 <RateValue> 的属性见表 5.2.4-6。

表 5.2.4-6 费率值明细 <RateValue> 属性列表

序号	属性名称	中文解释	数据类型	必填	备注
1	CostTypeNo	工程类别编码	String	√	详见本标准第 6.3 节
2	RateTypeNo	费率类别编码	String	√	详见本标准第 6.4 节
3	RateValue	费率值	Double	√	

5.2.5 工料机单价文件 <Pract>

1 工料机单价文件 <Pract> 应符合下列规定：

1）建设项目 <CprjInfo> 元素应包含一个工料机单价文件 <Pract> 元素作为其子元素。

2）XML 文档中仅存储与当前项目相关的工料机数据，补充的工料机信息应在本部分中列出。

3）工料机单价文件 <Pract> 的结构如图 5.2.5 所示。

4）工料机单价文件 <Pract> 的子元素包含人工 <Mps>、材料 <Materials>、机械 <Mechs>，见表 5.2.5-1。

5）工料机单价文件 <Pract> 的属性见表 5.2.5-2。

2 人工 <Mps> 应符合下列规定：

1）工料机单价文件 <Pract> 元素应包含一个且仅有一个人工 <Mps> 元素作为其子元素。

2）人工 <Mps> 的子元素为人工明细 <Mp>，见表 5.2.5-3。

3 人工明细 <Mp> 应符合下列规定：

1）人工 <Mps> 元素应包含一个或多个人工明细 <Mp> 元素作为其子元素。

2）人工明细 <Mp> 属性继承工料机单价文件基类 <PractBase>，见本标准第 5.2.5 条第 4 款。

4 工料机单价文件基类 <PractBase> 应符合下列规定：

1）人工明细 <Mp>、材料明细 <Material>、机械明细 <Mech> 元素应继承工料机单价文件基类 <PractBase>。

2）工料机单价文件基类 <PractBase> 的属性见表 5.2.5-4。

5 材料 <Materials> 应符合下列规定：

1）工料机单价文件 <Pract> 元素应包含一个且仅有一个材料 <Materials> 元素作为其子元素。

2）材料 <Materials> 的子元素为材料明细 <Material>，见表 5.2.5-5。

6 材料明细 <Material> 应符合下列规定：

1）材料 <Materials> 元素应包含一个或多个材料明细 <Material> 作为其子元素。

2）材料明细 <Material> 的子元素为综合电价构成 <Electro>、原价（不含税）<OrgPrices>、运杂费 <TransFee>，见表 5.2.5-6。

3）材料明细 <Material> 的属性继承工料机单价文件基类 <PractBase>，见本标准第 5.2.5 条第 4 款，其他属性见表 5.2.5-7。

7 综合电价构成 <Electro> 应符合下列规定：

1）材料明细 <Material> 元素可包含零个或多个综合电价构成 <Electro> 元素作为其子元素。

2）综合电价构成 <Electro> 的属性见表 5.2.5-8。

造价成果数据标准

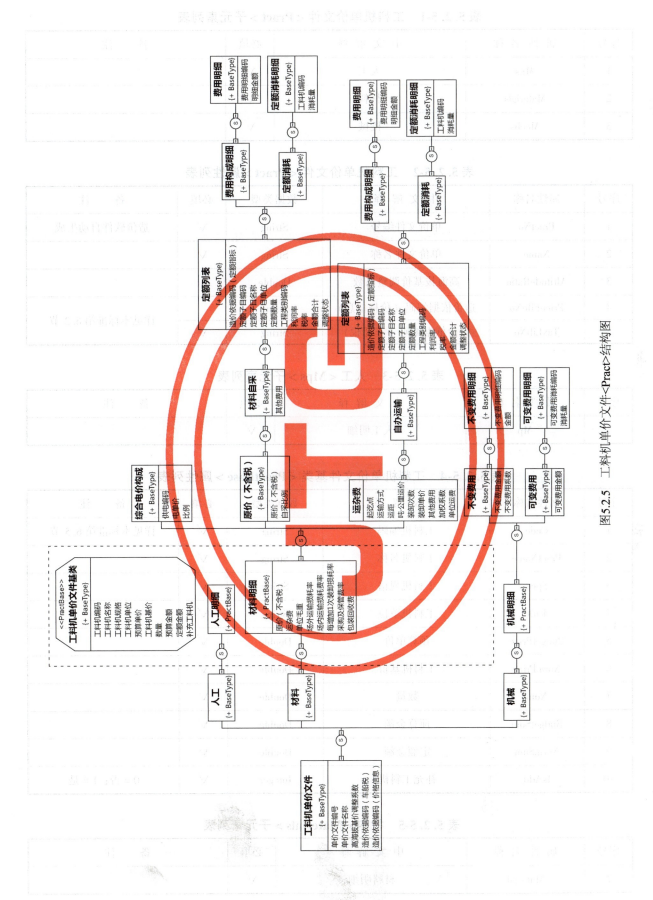

图 5.2.5 工料机单价文件<Pract>结构图

表 5.2.5-1 工料机单价文件 <Pract> 子元素列表

序号	属性名称	中文解释	必填	备注
1	Mps	人工	√	
2	Materials	材料	√	
3	Mechs	机械	√	

表 5.2.5-2 工料机单价文件 <Pract> 属性列表

序号	属性名称	中文解释	数据类型	必填	备注
1	PractNo	单价文件编号	String	√	造价软件自动生成
2	Name	单价文件名称	String	√	
3	AltitudeRatio	高海拔基价调整系数	Double		
4	PriceFileNo	造价依据编码（价格信息）	String		详见本标准第 6.2 节
5	TaxLibNo	造价依据编码（车船税）	String	√	

表 5.2.5-3 人工 <Mps> 子元素列表

序号	属性名称	中文解释	必填	备注
1	Mp	人工明细	√	

表 5.2.5-4 工料机单价文件基类 <PractBase> 属性列表

序号	属性名称	中文解释	数据类型	必填	备注
1	Code	工料机编码	String	√	详见本标准第 6.5 节
2	PractName	工料机名称	String	√	
3	Spec	工料机规格	String	√	
4	Unit	工料机单位	String	√	
5	BudgetPrice	预算单价	Double	√	
6	NormPrice	工料机基价	Double	√	
7	Num	数量	Double	√	
8	BudgetSum	预算金额	Double	√	
9	NormSum	定额金额	Double	√	
10	IsAdd	补充工料机	Integer	√	0＝否；1＝是

表 5.2.5-5 材料 <Materials> 子元素列表

序号	属性名称	中文解释	必填	备注
1	Material	材料明细	√	

表 5.2.5-6 材料明细 <Material> 子元素列表

序号	属性名称	中文解释	必填	备注
1	Electro	综合电价构成		
2	OrgPrices	原价（不含税）		包含自采价
3	TransFees	运杂费		

表 5.2.5-7 材料明细 <Material> 属性列表

序号	属性名称	中文解释	数据类型	必填	备注
1	OrgPrice	原价（不含税）	Double		
2	TransFee	运杂费	Double		包含自办运输
3	GwRate	单位毛重	Double	√	
4	OffSiteLf	场外运输损耗率	Double	√	
5	OnSiteLf	场内运输损耗费率	Double	√	
6	LoadLf	每增加1次装卸损耗率	Double	√	
7	StoreRate	采购及保管费率	Double	√	
8	PackageRecycleFee	包装回收费	Double	√	

表 5.2.5-8 综合电价构成 <Electro> 属性列表

序号	属性名称	中文解释	数据类型	必填	备注
1	Code	供电编码	String	√	与材料编码对应
2	Price	电单价	Double	√	
3	Ratio	比例	Double	√	

8 原价 <OrgPrices> 应符合下列规定：

1）材料明细 <Material> 应包含一个或多个原价 <OrgPrices> 作为其子元素。

2）原价 <OrgPrices> 的子元素为材料自采 <SelfCollect>，见表 5.2.5-9。

表 5.2.5-9 原价 <OrgPrices> 子元素列表

序号	属性名称	中文解释	必填	备注
1	SelfCollect	材料自采		

3）原价 <OrgPrices> 的属性见表 5.2.5-10。

表 5.2.5-10 原价 <OrgPrices> 属性列表

序号	属性名称	中文解释	数据类型	必填	备注
1	OrgPricevalue	原价（不含税）	Double	√	
2	Ratio	自采比例	Double		

9 材料自采 <SelfCollect> 应符合下列规定：

1）原价 <OrgPrices> 元素可包含零个或一个材料自采 <SelfCollect> 元素作为其子元素。

2）材料自采 <SelfCollect> 的子元素为定额列表 <Norm>，见表 5.2.5-11。

表 5.2.5-11 材料自采 <SelfCollect> 子元素列表

序号	属性名称	中文解释	必填	备注
1	Norm	定额列表	√	

3）材料自采 <SelfCollect> 的属性见表 5.2.5-12。

表 5.2.5-12 材料自采 <SelfCollect> 属性列表

序号	属性名称	中文解释	数据类型	必填	备注
1	OtherCost	其他费用	Double		如：矿产资源税

4）定额列表 <Norm> 的子元素及属性详见"项目分段"下的定额列表 <Norm>。

10 运杂费 <TransFees> 应符合下列规定：

1）材料明细 <Material> 元素可包含零个或多个运杂费 <TransFees> 元素作为其子元素。

2）运杂费 <TransFees> 的子元素包含自办运输 <SelfTrans>，见表 5.2.5-13。

表 5.2.5-13 运杂费 <TransFees> 子元素列表

序号	属性名称	中文解释	必填	备注
1	SelfTrans	自办运输		

3）运杂费 <TransFees> 的属性见表 5.2.5-14。

表 5.2.5-14 运杂费 <TransFees> 属性列表

序号	属性名称	中文解释	数据类型	必填	备注
1	FromPlace	起讫点	String	√	
2	TransWay	运输方式	String	√	
3	TransDistence	运距	Double	√	
4	TransFee	吨·公里运价	Double	√	
5	LoadTimes	装卸次数	Integer	√	
6	LoadCost	装卸单价	Double	√	
7	OtherCost	其他费用	Double	√	
8	Ratio	加权系数	Double	√	同种材料多点供货时各自占的比重
9	Freight	单位运费	Double	√	

11 自办运输 <SelfTrans> 应符合下列规定：

1）运杂费 <TransFees> 元素可包含零个或一个自办运输 <SelfTrans> 元素作为其

子元素。

2) 自办运输 <SelfTrans> 的子元素为定额列表 <Norm>，见表 5.2.5-15。

表 5.2.5-15　自办运输 <SelfTrans> 子元素列表

序号	属性名称	中文解释	必填	备注
1	Norm	定额列表	√	

3) 定额列表 <Norm> 的子元素及属性详见"项目分段"下的定额列表 <Norm>。

12　机械 <Mechs> 应符合下列规定：

1) 工料机单价文件 <Pract> 元素应包含一个且仅有一个机械 <Mechs> 元素作为其子元素。

2) 机械 <Mechs> 的子元素为机械明细 <Mech>，见表 5.2.5-16。

表 5.2.5-16　机械 <Mechs> 子元素列表

序号	属性名称	中文解释	必填	备注
1	Mech	机械明细	√	

13　机械明细 <Mech> 应符合下列规定：

1) 机械 <Mechs> 元素应包含一个或多个机械明细 <Mech> 元素作为其子元素。

2) 机械明细 <Mech> 的子元素包含不变费用 <FixedCost>、可变费用 <VariableCost>，见表 5.2.5-17。

表 5.2.5-17　机械明细 <Mech> 子元素列表

序号	属性名称	中文解释	必填	备注
1	FixedCost	不变费用	√	
2	VariableCost	可变费用	√	

3) 机械明细 <Mech> 的属性继承工料机单价文件基类 <PractBase>，见本标准第 5.2.5 条第 4 款。

14　不变费用 <FixedCost> 应符合下列规定：

1) 不变费用 <FixedCost> 的子元素为不变费用明细 <FixedCostItem>，见表 5.2.5-18。

表 5.2.5-18　不变费用 <FixedCost> 子元素列表

序号	属性名称	中文解释	必填	备注
1	FixedCostItem	不变费用明细	√	

2) 不变费用 <FixedCost> 属性见表 5.2.5-19。

表 5.2.5-19　机械明细 <Mech> 属性列表

序号	属性名称	中文解释	数据类型	必填	备注
1	FixedCostSum	不变费用金额	Double	√	
2	FixedRate	不变费用系数	Double	√	

15 不变费用明细 <FixedCostItem> 应符合下列规定：

1）不变费用 <FixedCost> 元素应包含一个或多个不变费用明细 <FixedCostItem> 元素作为其子元素。

2）不变费用明细 <FixedCostItem> 的属性见表 5.2.5-20。

表 5.2.5-20 不变费用明细 <FixedCostItem> 属性列表

序号	属性名称	中文解释	数据类型	必填	备注
1	FixedCostNo	不变费用明细编码	String	√	详见本标准第 6.6.1 条
2	Sum	金额	Double	√	

16 可变费用 <VariableCost> 应符合下列规定：

1）可变费用 <VariableCost> 的子元素为可变费用明细 <VariableCostItem>，见表 5.2.5-21。

表 5.2.5-21 可变费用 <VariableCost> 子元素列表

序号	属性名称	中文解释	必填	备注
1	VariableCostItem	可变费用明细	√	

2）可变费用 <VariableCost> 属性见表 5.2.5-22。

表 5.2.5-22 机械明细 <Mech> 属性列表

序号	属性名称	中文解释	数据类型	必填	备注
1	VariableCostSum	可变费用金额	Double	√	

17 可变费用明细 <VariableCostItem> 应符合下列规定：

1）可变费用 <VariableCost> 元素应包含一个或多个可变费用明细 <VariableCostItem> 元素作为其子元素。

2）可变费用明细 <VariableCostItem> 的属性见表 5.2.5-23。

表 5.2.5-23 可变费用明细 <VariableCostItem> 属性列表

序号	属性名称	中文解释	数据类型	必填	备注
1	VariableCostNo	可变费用消耗编码	String	√	详见本标准第 6.6.2 条
2	Consumption	消耗量	Double	√	

5.2.6 项目分段 <EprjInfo>

1 项目分段 <EprjInfo> 应符合下列规定：

1）建设项目 <CprjInfo> 元素应包含一个或多个项目分段 <EprjInfo> 元素作为其子元素。

2）项目分段 <EprjInfo> 的结构如图 5.2.6-1 所示。

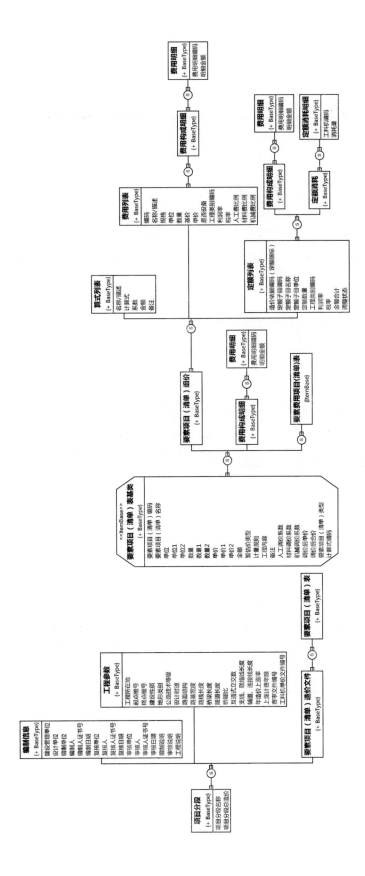

图5.2.6-1 项目分段<EprjInfo>结构图

3）项目分段<EprjInfo>的子元素包含编制信息<MakeInfo>、工程参数<Params>、要素项目（清单）造价文件<Items>，见表5.2.6-1。

表5.2.6-1 项目分段<EprjInfo>子元素列表

序号	属性名称	中文解释	必填	备注
1	MakeInfo	编制信息	√	
2	Params	工程参数	√	
3	Items	要素项目（清单）造价文件	√	

4）项目分段<EprjInfo>的属性见表5.2.6-2。

表5.2.6-2 项目分段<EprjInfo>属性列表

序号	属性名称	中文解释	数据类型	必填	备注
1	Name	项目分段名称	String	√	
2	Sums	项目分段总造价	Double	√	

2 编制信息<MakeInfo>应符合下列规定：

1）项目分段<EprjInfo>元素应包含一个编制信息<MakeInfo>元素作为其子元素。

2）编制信息<MakeInfo>的属性见表5.2.6-3。

表5.2.6-3 编制信息<MakeInfo>属性列表

序号	属性名称	中文解释	数据类型	必填	备注
1	Manage	建设管理单位	String	√	
2	Designer	设计单位	String	√	
3	Compile	编制单位	String	√	
4	CompileApprover	编制人	String	√	
5	CompileCertNo	编制人证书号	String	√	
6	CompileDate	编制日期	Datetime	√	
7	Review	复核单位	String		
8	ReviewApprover	复核人	String	√	
9	ReviewCertNo	复核人证书号	String	√	
10	ReviewDate	复核日期	Datetime	√	
11	Examine	审核单位	String		
12	ExamineApprover	审核人	String		
13	ExamineCertNo	审核人证书号	String		
14	ExamineDate	审核日期	Datetime		
15	CompileExplain	编制说明	String		
16	ExamineExplain	审核说明	String		
17	ProjectExplain	工程说明	String		

3 工程参数<Params>应符合下列规定：

1）项目分段 <EprjInfo> 元素应包含一个工程参数 <Params> 元素作为其子元素。

2）工程参数 <Params> 的属性见表 5.2.6-4。

表 5.2.6-4 工程参数 <Params> 属性列表

序号	属性名称	中文解释	数据类型	必填	备注
1	PrjArea	工程所在地	String	√	见本标准表 6.2.1-2
2	StartPileNo	起点桩号	String		
3	EndPileNo	终点桩号	String		
4	BuildType	建设性质	Integer	√	枚举定义，0=新建；1=改（扩）建
5	Terrain	地形类别	Integer	√	枚举定义，0=平原微丘陵区；1=山岭重丘陵区
6	RoadGrade	公路技术等级	Integer	√	枚举定义，0=高速公路；1=一级公路；2=二级公路；3=三级公路；4=四级公路
7	DesignSpeed	设计时速	String		
8	Structure	路面结构	Integer	√	枚举定义，0=沥青路面；1=水泥混凝土路面；2=其他类型路面
9	SubgradeWidth	路基宽度	Double	√	
10	RoadLength	路线长度	Double	√	
11	BridgeLength	桥梁长度	Double	√	
12	TunnelLength	隧道长度	Double	√	
13	BriTunRate	桥隧比	Double	√	
14	InterchangeNum	互通式立交数	Double	√	互通式立交座数
15	StubLengths	支线、联络线长度	Double	√	
16	LaneLength	辅道、连接线长度	Double	√	
17	RisingRate	年造价上涨率	Double		
18	RisingYears	上涨计费年限	Double		
19	RateNo	费率文件编号	String	√	
20	PractNo	工料机单价文件编号	String	√	

4 要素项目（清单）造价文件 <Items> 应符合下列规定：

1）项目分段 <EprjInfo> 元素应包含一个且仅有一个要素项目（清单）造价文件 <Items> 元素作为其子元素。

2）要素项目（清单）造价文件 <Items> 的结构如图 5.2.6-2 所示。

3）要素项目（清单）造价文件 <Items> 的子元素为要素项目（清单）表 <Item>，见表 5.2.6-5。

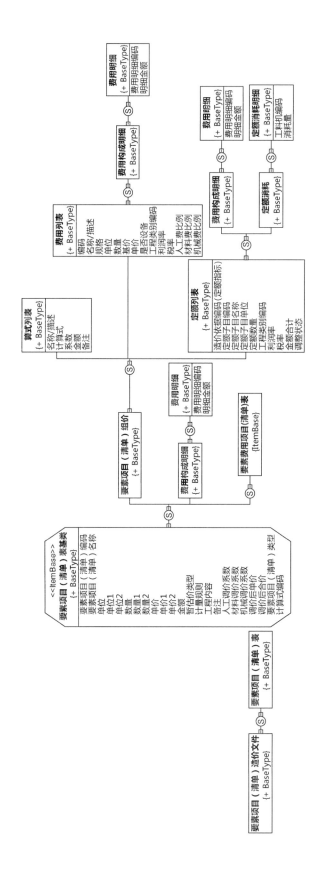

图5.2.6-2 要素项目（清单）造价文件<Items>结构图

表 5.2.6-5　分项造价文件 <Items> 子元素列表

序号	属性名称	中文解释	必填	备注
1	Item	要素项目（清单）表	√	

4）要素项目（清单）表 <Item> 的属性继承要素项目（清单）表基类 <ItemBase>，见本标准第 5.2.6 条第 5 款。

5　要素项目（清单）表基类 <ItemBase> 应符合下列规定：

1）要素项目（清单）表基类 <ItemBase> 的子元素包含要素项目（清单）组价 <CostComposition>、费用构成明细 <CostStructure>、要素费用项目（清单）表 <Item>，见表 5.2.6-6。

表 5.2.6-6　要素项目（清单）表基类 <ItemBase> 子元素列表

序号	属性名称	中文解释	必填	备注
1	CostComposition	要素项目（清单）组价	√	XSD 元素可选，用于验证
2	CostStructure	费用构成明细	√	XSD 元素可选，用于验证
3	Item	要素费用项目（清单）表		

2）要素项目（清单）表基类 <ItemBase> 的属性见表 5.2.6-7。

表 5.2.6-7　要素项目（清单）表基类 <ItemBase> 属性列表

序号	属性名称	中文解释	数据类型	必填	备注
1	ListCode	要素项目（清单）编码	String	√	详见本标准第 6.8 节
2	ListName	要素项目（清单）名称	String	√	
3	Unit	单位	String	√	
4	Unit1	单位 1	String		
5	Unit2	单位 2	String		
6	Num	数量	Double	√	
7	Num1	数量 1	Double		
8	Num2	数量 2	Double		
9	Price	单价	Double	√	
10	Price1	单价 1	Double		
11	Price2	单价 2	Double		
12	Sum	金额	Double	√	
13	ProvisionalType	暂估价类型	Integer		只用于清单预算。枚举定义，0 = 材料暂估价，1 = 工程设备暂估价，2 = 专业工程暂估价
14	MeterRules	计量规则	String		
15	Content	工程内容	String		
16	Remarks	备注	String		

续表 5.2.6-7

序号	属性名称	中文解释	数据类型	必填	备注
17	MpRatio	人工调价系数	Double		只用于清单预算
18	MaterialRatio	材料调价系数	Double		
19	MechRatio	机械调价系数	Double		
20	AdjustedPrice	调价后单价	Double		
21	AdjustedSums	调价后合价	Double		
22	ItemType	要素项目（清单）类型	Integer		用于兼容三级清单模式。枚举定义，0 = 要素费用项目；1 = 清单子目
23	FormulaCode	计算式编码	String		用于计算式中该细目的标示编码

6 要素项目（清单）组价 <CostComposition> 应符合下列规定：

1）要素项目（清单）表基类 <ItemBase> 元素应包含零个或一个要素项目（清单）组价 <CostComposition> 元素作为其子元素。

2）要素项目（清单）组价 <CostComposition> 的子元素包含算式列表 <Formula>、费用列表 <Cost>、定额列表 <Norm>，见表 5.2.6-8。

表 5.2.6-8 要素项目（清单）组价 <CostComposition> 子元素列表

序号	属性名称	中文解释	必填	备注
1	Formula	算式列表		
2	Cost	费用列表		
3	Norm	定额列表		

7 算式列表 <Formula> 应符合下列规定：

1）要素项目（清单）组价 <CostComposition> 元素可包含零个或一个算式列表 <Formula> 元素作为其子元素。

2）算式列表 <Formula> 的属性见表 5.2.6-9。

表 5.2.6-9 算式列表 <Formula> 属性列表

序号	属性名称	中文解释	数据类型	必填	备注
1	Name	名称/描述	String	√	
2	Formulas	计算式	String	√	计算式详见本标准第 6.11 及 6.12 节
3	Ratio	系数	Double		
4	Sum	金额	Double	√	
5	Remarks	备注	String		

8 费用列表 <Cost> 应符合下列规定：

1）要素项目（清单）组价 <CostComposition> 元素可包含零个或多个费用列表 <Cost> 元素作为其子元素。

2）费用列表<Cost>的子元素为费用构成明细<CostStructure>，见表5.2.6-10。

表5.2.6-10 费用列表<Cost>子元素列表

序号	属性名称	中文解释	必填	备注
1	CostStructure	费用构成明细	√	

3）费用列表<Cost>属性见表5.2.6-11。

表5.2.6-11 费用列表<Cost>属性列表

序号	属性名称	中文解释	数据类型	必填	备注
1	Code	编码	String	√	工料机时采用工料机编码，其余采用顺序号
2	Name	名称/描述	String	√	
3	Spec	规格	String	√	
4	Unit	单位	String	√	
5	Num	数量	Double	√	
6	BasePrice	基价	Double	√	
7	Price	单价	Double	√	
8	IsEquipment	是否设备	Integer	√	0=否；1=是
9	CostTypeNo	工程类别编码	String	√	详见本标准第6.3节
10	ProfitRate	利润率	Double	√	
11	TaxRate	税率	Double	√	
12	MpRatio	人工费比例	Double	√	
13	MaterialRatio	材料费比例	Double	√	
14	MechRatio	机械费比例	Double	√	

9 定额列表<Norm>应符合下列规定：

1）要素项目（清单）组价<CostComposition>元素可包含零个或多个定额列表<Norm>元素作为其子元素。

2）定额列表<Norm>的子元素包含费用构成明细<CostStructure>、定额消耗<Consume>，见表5.2.6-12。

表5.2.6-12 定额列表<Norm>子元素列表

序号	属性名称	中文解释	必填	备注
1	CostStructure	费用构成明细	√	
2	Consume	定额消耗	√	

3）定额列表<Norm>的属性见表5.2.6-13。

表5.2.6-13 定额列表<Norm>属性列表

序号	属性名称	中文解释	数据类型	必填	备注
1	NormLibNo	造价依据编码（定额指标）	String	√	详见本标准第6.2节
2	Code	定额子目编码	String	√	详见本标准第6.7节
3	Name	定额子目名称	String	√	
4	Unit	定额子目单位	String	√	

续表 5.2.6-13

序号	属性名称	中文解释	数据类型	必填	备注
5	Num	定额数量	Double	√	
6	CostTypeNo	工程类别编码	String	√	详见本标准第 6.3 节
7	ProfitRate	利润率	Double	√	
8	TaxRate	税率	Double	√	
9	FabricationCost	金额合计	Double	√	
10	AdjustStatus	调整状态	String		详见本标准第 6.9 节

10 费用构成明细 < CostStructure > 应符合下列规定：

1）费用构成明细 < CostStructure > 元素作为要素项目（清单）表基类 < ItemBase >、费用列表 < Cost > 及定额列表 < Norm > 元素的子元素。

2）费用构成明细 < CostStructure > 的子元素为费用明细 < CostItem >，见表 5.2.6-14。

表 5.2.6-14 费用构成明细 < CostStructure > 子元素列表

序号	属性名称	中文解释	必填	备注
1	CostItem	费用明细	√	

11 费用明细 < CostItem > 应符合下列规定：

1）费用构成明细 < CostStructure > 元素应包含一个或多个费用明细 < CostItem > 元素作为其子元素。

2）费用明细 < CostItem > 的属性见表 5.2.6-15。

表 5.2.6-15 费用明细 < CostItem > 属性列表

序号	属性名称	中文解释	数据类型	必填	备注
1	ItemNo	费用明细编码	String	√	详见本标准第 6.11 节
2	Sum	明细金额	Double	√	

12 定额消耗 < Consume > 应符合下列规定：

1）定额列表 < Norm > 元素应包含一个定额消耗 < Consume > 元素作为其子元素。

2）定额消耗 < Consume > 的子元素为定额消耗明细 < ConsumeItem >，见表 5.2.6-16。

表 5.2.6-16 定额消耗 < Consume > 子元素列表

序号	属性名称	中文解释	必填	备注
1	ConsumeItem	定额消耗明细	√	

13 定额消耗明细 < ConsumeItem > 应符合下列规定：

1）定额消耗 < Consume > 元素应包含一个或多个定额消耗明细 < ConsumeItem > 元素作为其子元素。

2）定额消耗明细 < ConsumeItem > 的属性见表 5.2.6-17。

表 5.2.6-17 定额消耗明细 < ConsumeItem > 属性列表

序号	属性名称	中文解释	数据类型	必填	备注
1	Code	工料机编码	String	√	详见本标准第 6.5 节
2	Consumption	消耗量	Double	√	

14 要素项目（清单）表 <Item> 应符合下列规定：

1）要素项目（清单）造价文件 <Items> 元素应包含一个要素项目（清单）表 <Item> 元素作为其子元素。

2）要素项目（清单）表 <Item> 的属性继承要素项目（清单）表基类 <ItemBase>，见本标准 5.2.6 条第 5 款。

5.2.7 项目造价指标 <Indexs>

1 项目造价指标 <Indexs> 应符合下列规定：

1）建设项目 <CprjInfo> 元素应包含一个且仅有一个目造价指标 <Indexs> 元素作为其子元素。

2）项目造价指标 <Indexs> 的结构如图 5.2.7 所示。

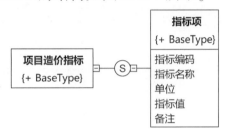

图 5.2.7 项目造价指标 <Indexs> 结构图

3）项目造价指标 <Indexs> 的子元素为指标项 <IndexItem>，见表 5.2.7-1。

表 5.2.7-1 项目造价指标 <Indexs> 子元素列表

序号	属性名称	中文解释	必填	备注
1	IndexItem	指标项	√	

2 指标项 <IndexItem> 应符合下列规定：

1）项目造价指标 <Indexs> 元素应包含一个或多个指标项 <IndexItem> 元素作为其子元素。

2）指标项 <IndexItem> 的属性见表 5.2.7-2。

表 5.2.7-2 指标项 <IndexItem> 属性列表

序号	属性名称	中文解释	数据类型	必填	备注
1	Code	指标编码	String	√	详见本标准第 6.10 节
2	Name	指标名称	String	√	
3	Unit	单位	String		
4	Value	指标值	String		
5	Remarks	备注	String		

5.3 工程决算成果数据

5.3.1 工程决算成果 XML 文档中各元素关系如图 5.3.1 所示。

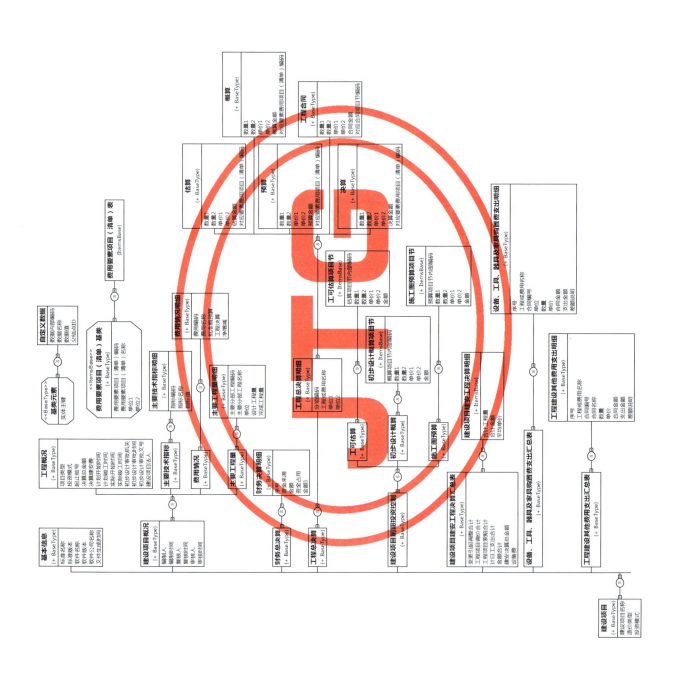

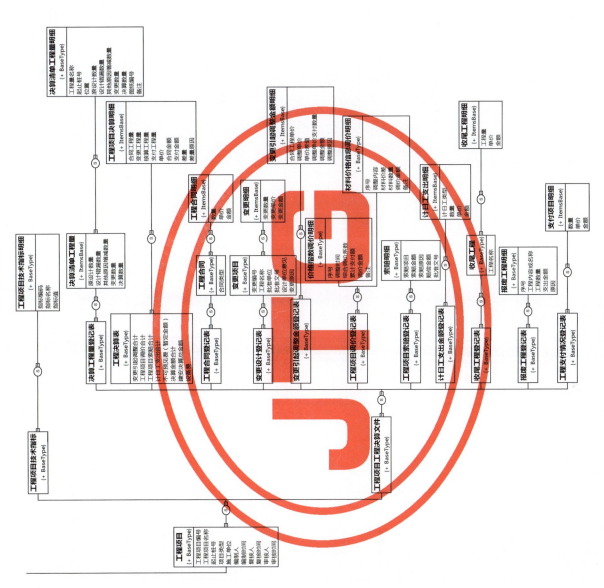

图 5.3.1 工程决算成果数据结构图

5.3.2 建设项目 < CprjInfo >

1 建设项目 < CprjInfo > 应符合下列规定：

1）公路工程工程决算成果 XML 文档应只有一个名为建设项目 < CprjInfo > 的根元素。

2）建设项目 < CprjInfo > 的子元素包含基本信息 < SystemInfo >，建设项目概况 < CprjBasis >，财务总决算 < FinancialAccounts >，工程总决算 < ContrastTables >，建设项目前期投资控制 < CprjInvest >，建设项目建安工程决算汇总表 < SummaryTables >，设备、工具、器具及家具购置费支出汇总表 < PurchasecostTables >，工程建设其他费用支出汇总表 < OthercostTables >，工程项目 < EprjInfo >，见表5.3.2-1。

表 5.3.2-1　建设项目 < CprjInfo > 子元素列表

序号	属性名称	中文解释	必填	备注
1	SystemInfo	基本信息	√	
2	CprjBasis	建设项目概况	√	
3	FinancialAccounts	财务总决算	√	
4	ContrastTables	工程总决算	√	
5	CprjInvest	建设项目前期投资控制	√	
6	SummaryTables	建设项目建安工程决算汇总表	√	
7	PurchasecostTables	设备、工具、器具及家具购置费支出汇总表	√	
8	OthercostTables	工程建设其他费用支出汇总表	√	
9	EprjInfo	工程项目	√	

3）建设项目 < CprjInfo > 的属性见表5.3.2-2。

表 5.3.2-2　建设项目 < CprjInfo > 属性列表

序号	属性名称	中文解释	数据类型	必填	备注
1	CprjName	建设项目名称	String	√	
2	CprjType	造价类型	String	√	详见本标准第6.1节
3	InvestType	投资模式	String		

5.3.3 费用要素项目（清单）基类 < ItemsBase >

1 建设项目建安工程决算明细 < SummaryTable >、工程合同明细 < Contract >、决算清单工程量 < Quantities >、工程决算明细 < EprjAccount >、变更明细 < ChangeItem >、变更引起调整金额明细 < ChangeSum >、计日工支出明细 < Daywork >、收尾工程明细 < Ending >、支付项目明细 < Payment > 元素应继承费用要素项目（清单）基类 < ItemsBase >。

1）费用要素项目（清单）基类 < ItemsBase > 的结构如图5.3.3所示。

2）费用要素项目（清单）基类 < ItemsBase > 元素可按树状层次进行多级扩展。

3）费用要素项目（清单）基类 < ItemsBase > 的子元素为费用要素项目（清单）表 < Items >，见表5.3.3-1。

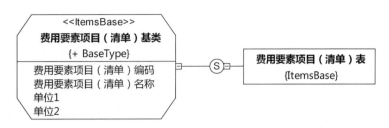

图 5.3.3 费用要素项目（清单）基类 <ItemsBase> 结构图

表 5.3.3-1 费用要素项目（清单）基类 <ItemsBase> 子元素列表

序号	属性名称	中文解释	必填	备注
1	Items	费用要素项目（清单）表		

4）费用要素项目（清单）基类 <ItemsBase> 属性见表 5.3.3-2。

表 5.3.3-2 费用要素项目（清单）基类 <ItemsBase> 属性列表

序号	属性名称	中文解释	数据类型	必填	备注
1	Code	费用要素项目（清单）编码	String	√	详见本标准第6.8节
2	Name	费用要素项目（清单）名称	String	√	
3	Unit1	单位1	String	√	
4	Unit2	单位2	String		

2 费用要素项目（清单）表 <Items> 应符合下列规定：

1）费用要素项目（清单）表 <Items> 元素可按树状层次进行多级扩展。

2）费用要素项目（清单）表 <Items> 的属性继承费用要素项目（清单）基类 <ItemsBase>。

5.3.4 基本信息 <SystemInfo>

1 基本信息 <SystemInfo> 应符合下列规定：

1）建设项目 <CprjInfo> 元素应包含一个基本信息 <SystemInfo> 元素作为其子元素。

2）基本信息 <SystemInfo> 的结构如图 5.3.4 所示。

图 5.3.4 基本信息 <SystemInfo> 结构图

3）基本信息 <SystemInfo> 的属性见表 5.3.4。

表 5.3.4 基本信息 <SystemInfo> 属性列表

序号	属性名称	中文解释	数据类型	必填	备注
1	Name	标准名称	String	√	本标准的名称
2	Version	标准版本	String	√	本标准的版本号
3	SoftwareName	软件名称	String	√	
4	SoftwareVer	软件版本	String	√	
5	SoftwareCompany	软件公司名称	String	√	
6	MakeDate	文件生成时间	Datetime	√	生成造价成果数据文件时的计算机系统时间，格式为 YYYY-MM-DD HH：MM

5.3.5 建设项目概况 <CprjBasis>

1 建设项目概况 <CprjBasis> 应符合下列规定：

1）建设项目 <CprjInfo> 元素应包含一个建设项目概况 <CprjBasis> 元素作为其子元素。

2）建设项目概况 <CprjBasis> 的结构如图 5.3.5 所示。

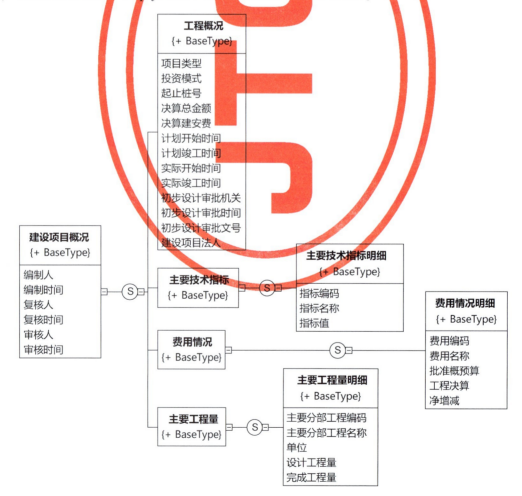

图 5.3.5 建设项目概况 <CprjBasis> 结构图

3）建设项目概况＜CprjBasis＞的子元素包含工程概况＜CprjBasic＞、主要技术指标＜CprjIndexs＞、费用情况＜CprjCosts＞、主要工程量＜CprjNums＞，见表5.3.5-1。

表5.3.5-1　建设项目＜CprjInfo＞子元素列表

序号	属性名称	中文解释	必填	备注
1	CprjBasic	工程概况	√	
2	CprjIndexs	主要技术指标	√	
3	CprjCosts	费用情况	√	
4	CprjNums	主要工程量	√	

4）建设项目概况＜CprjBasis＞的属性见表5.3.5-2。

表5.3.5-2　建设项目概况＜CprjBasis＞属性列表

序号	属性名称	中文解释	数据类型	必填	备注
1	CompileApprover	编制人	String	√	
2	CompileDate	编制日期	Datetime	√	
3	ReviewApprover	复核人	String	√	
4	ReviewDate	复核日期	Datetime	√	
5	ExamineApprover	审核人	String	√	
6	ExamineDate	审核日期	Datetime	√	

2　工程概况＜CprjBasic＞应符合下列规定：

1）建设项目概况＜CprjBasis＞元素应包含一个工程概况＜CprjBasic＞元素作为其子元素。

2）工程概况＜CprjBasic＞的属性见表5.3.5-3。

表5.3.5-3　工程概况＜CprjBasic＞属性列表

序号	属性名称	中文解释	数据类型	必填	备注
1	Type	项目类型	String	√	枚举定义，1＝路线工程；2＝独立桥梁工程；3＝独立隧道工程
2	InvestmentMode	投资模式	String	√	枚举定义，1＝国家投资；2＝地方筹资；3＝社会融资；4＝其他
3	Pilenumber	起止桩号	String	√	
4	TotalSum	决算总金额	Double	√	
5	InstallationSum	决算建安费	Double	√	
6	PlanStartDate	计划开始时间	Datetime	√	
7	PlanEndDate	计划竣工时间	Datetime	√	

续表 5.3.5-3

序号	属性名称	中文解释	数据类型	必填	备注
8	ActualStartDate	实际开始时间	Datetime	√	
9	ActualEndDate	实际竣工时间	Datetime	√	
10	DesignOrgan	初步设计审批机关	String	√	
11	DesigDate	初步设计审批时间	Datetime	√	
12	DesigNo	初步设计审批文号	String	√	
13	Manage	建设项目法人	String	√	

3 主要技术指标 <CprjIndexs> 应符合下列规定：

1) 建设项目概况 <CprjBasis> 元素应包含一个主要技术指标 <CprjIndexs> 元素作为其子元素。

2) 主要技术指标 <CprjIndexs> 的子元素为主要技术指标明细 <CprjIndex>，见表 5.3.5-4。

表 5.3.5-4 主要技术指标 <CprjIndexs> 子元素列表

序号	属性名称	中文解释	必填	备注
1	CprjIndex	主要技术指标明细	√	

4 主要技术指标明细 <CprjIndex> 应符合下列规定：

1) 主要技术指标 <CprjIndexs> 元素应包含一个或多个主要技术指标明细 <CprjIndex> 元素作为其子元素。

2) 主要技术指标明细 <CprjIndex> 的属性见表 5.3.5-5。

表 5.3.5-5 主要技术指标明细 <CprjIndex> 属性列表

序号	属性名称	中文解释	数据类型	必填	备注
1	Code	技术指标编码	String	√	详见本标准第 6.10 节
2	Name	技术指标名称	String	√	
3	Value	技术指标值	Double	√	

5 费用情况 <CprjCosts> 应符合下列规定：

1) 建设项目概况 <CprjBasis> 元素应包含一个费用情况 <CprjCosts> 元素作为其子元素。

2) 费用情况 <CprjCosts> 的子元素为费用情况明细 <CprjCost>，见表 5.3.5-6。

表 5.3.5-6 费用情况 <CprjCosts> 子元素列表

序号	属性名称	中文解释	必填	备注
1	CprjCost	费用情况明细	√	

6 费用情况明细 <CprjCost> 应符合下列规定：

1) 费用情况 <CprjCosts> 元素应包含一个或多个费用情况明细 <CprjCost> 元素作为其子元素。

2）费用情况明细＜CprjCost＞的属性见表5.3.5-7。

表5.3.5-7 费用情况明细＜CprjCost＞属性列表

序号	属性名称	中文解释	数据类型	必填	备注
1	Code	费用编码	String	√	
2	Name	费用名称	String	√	
3	SjgsSum	批准概（预）算	Double	√	
4	GcjsSum	工程决算	Double	√	
5	MoreLess	净增减	Double	√	

7 主要工程量＜CprjNums＞应符合下列规定：

1）建设项目概况＜CprjBasis＞应包含一个主要工程量＜CprjNums＞元素作为其子元素。

2）主要工程量＜CprjNums＞的子元素为主要工程量明细＜CprjNum＞，见表5.3.5-8。

表5.3.5-8 主要工程量＜CprjNums＞子元素列表

序号	属性名称	中文解释	必填	备注
1	CprjNum	主要工程量明细	√	

8 主要工程量明细＜CprjNum＞应符合下列规定：

1）主要工程量＜CprjNums＞元素应包含一个或多个主要工程量明细＜CprjNum＞元素作为其子元素。

2）主要工程量明细＜CprjNum＞的属性见表5.3.5-9。

表5.3.5-9 主要工程量明细＜CprjNum＞属性列表

序号	属性名称	中文解释	数据类型	必填	备注
1	Code	主要分部工程编码	String	√	
2	Name	主要分部工程名称	String	√	
3	Unit	单位	String	√	
4	DesignNum	设计工程量	Double	√	
5	FinishNum	完成工程量	Double	√	

5.3.6 财务总决算＜FinancialAccounts＞

1 财务总决算＜FinancialAccounts＞应符合下列规定：

1）建设项目＜CprjInfo＞元素应包含一个财务总决算＜FinancialAccounts＞元素作为其子元素。

2）财务总决算＜FinancialAccounts＞的结构如图5.3.6所示。

3）财务总决算＜FinancialAccounts＞的子元素为财务决算明细＜FinancialAccount＞，见表5.3.6-1。

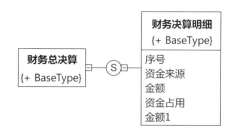

图 5.3.6　财务总决算 <FinancialAccounts> 结构图

表 5.3.6-1　财务总决算 <FinancialAccounts> 子元素列表

序号	属性名称	中文解释	必填	备注
1	FinancialAccount	财务决算明细	√	

2　财务决算明细 <FinancialAccount> 应符合下列规定：

1）财务总决算 <FinancialAccounts> 元素应包含一个或多个工可财务决算明细 <FinancialAccount> 作为其子元素。

2）财务决算明细 <FinancialAccount> 的属性见表 5.3.6-2。

表 5.3.6-2　财务决算明细 <FinancialAccount> 属性列表

序号	属性名称	中文解释	数据类型	必填	备注
1	No	序号	String	√	
2	MoneySource	资金来源	String	√	
3	Sum	金额	Double	√	
4	MoneyOccupy	资金占用	String	√	
5	Sum1	金额1	Double	√	

5.3.7　工程总决算 <ContrastTables>

1　工程总决算 <ContrastTables> 应符合下列规定：

1）建设项目 <CprjInfo> 元素应包含一个工程总决算 <ContrastTables> 元素作为其子元素。

2）工程总决算 <ContrastTables> 的结构如图 5.3.7 所示。

3）工程总决算 <ContrastTables> 的子元素为工程总决算明细 <ContrastTable>，见表 5.3.7-1。

2　工程总决算明细 <ContrastTable> 应符合下列规定：

1）工程总决算 <ContrastTables> 元素应包含一个或多个工程总决算明细 <ContrastTable> 元素作为其子元素。

2）工程总决算明细 <ContrastTable> 的子元素包含估算 <Gkgs>、概算 <Sjgs>、预算 <Sgys>、工程合同 <Gcht>、决算 <Gcjs>，见表 5.3.7-2。

3）工程总决算明细 <ContrastTable> 的属性继承费用要素项目（清单）基类 <ItemsBase>，见本标准第 5.3.3 条。

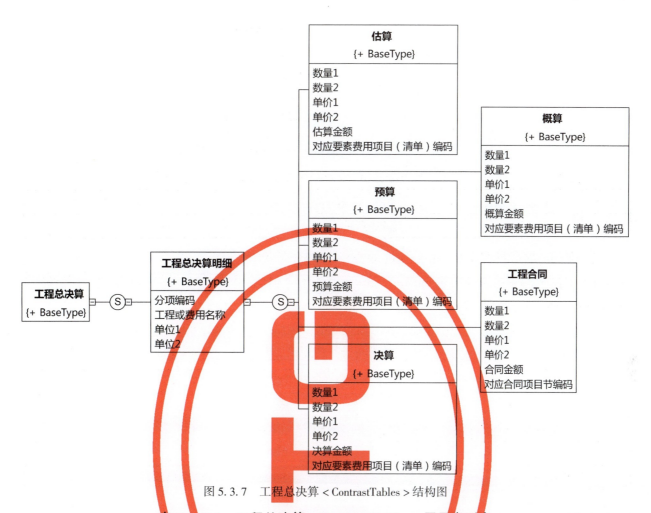

图 5.3.7 工程总决算 <ContrastTables> 结构图

表 5.3.7-1 工程总决算 <ContrastTables> 子元素列表

序号	属性名称	中文解释	必填	备注
1	ContrastTable	工程总决算明细	√	

表 5.3.7-2 工程总决算明细 <ContrastTable> 子元素列表

序号	属性名称	中文解释	必填	备注
1	Gkgs	估算		
2	Sjgs	概算	√	
3	Sgys	预算	√	
4	Gcht	工程合同	√	
5	Gcjs	决算	√	

3 估算 <Gkgs> 应符合下列规定：

1）工程总决算明细 <ContrastTable> 元素可包含零个或一个估算 <Gkgs> 元素作为其子元素。

2）估算 <Gkgs> 的属性见表 5.3.7-3。

表 5.3.7-3 估算 <Gkgs> 属性列表

序号	属性名称	中文解释	数据类型	必填	备注
1	Num1	数量1	Double	√	
2	Num2	数量2	Double		
3	Price1	单价1	Double	√	
4	Price2	单价2	Double		
5	Sum	估算金额	Double	√	
6	Codes	对应要素费用项目（清单）编码	String	√	对应估算要素费用项目编码

4 概算 <Sjgs> 应符合下列规定：

1）工程总决算明细 <ContrastTable> 元素应包含一个且仅有一个概算 <Sjgs> 元素作为其子元素。

2）概算 <Sjgs> 的属性见表 5.3.7-4。

表 5.3.7-4 概算 <Sjgs> 属性列表

序号	属性名称	中文解释	数据类型	必填	备注
1	Num1	数量1	Double	√	
2	Num2	数量2	Double		
3	Price1	单价1	Double	√	
4	Price2	单价2	Double		
5	Sum	概算金额	Double	√	
6	Codes	对应要素费用项目（清单）编码	String	√	对应概算要素费用项目编码

5 预算 <Sgys> 应符合下列规定：

1）工程总决算明细 <ContrastTable> 元素可包含零个或一个预算 <Sgys> 元素作为其子元素。

2）预算 <Sgys> 的属性见表 5.3.7-5。

表 5.3.7-5 预算 <Sgys> 属性列表

序号	属性名称	中文解释	数据类型	必填	备注
1	Num1	数量1	Double	√	
2	Num2	数量2	Double		
3	Price1	单价1	Double	√	
4	Price2	单价2	Double		
5	Sum	预算金额	Double	√	
6	Codes	对应要素费用项目（清单）编码	String	√	对应预算要素费用项目编码

6 工程合同<Gcht>应符合下列规定：

1）工程总决算明细<ContrastTable>元素应包含一个且仅有一个工程合同<Gcht>元素作为其子元素。

2）工程合同<Gcht>的属性见表5.3.7-6。

表5.3.7-6 工程合同<Gcht>属性列表

序号	属性名称	中文解释	数据类型	必填	备注
1	Num1	数量1	Double	√	
2	Num2	数量2	Double		
3	Price1	单价1	Double	√	
4	Price2	单价2	Double		
5	Sum	合同金额	Double	√	
6	Codes	对应合同项目节编码	String	√	对应清单要素费用项目编码

7 决算<Gcjs>应符合下列规定：

1）工程总决算明细<ContrastTable>元素应包含一个且仅有一个决算<Gcjs>元素作为其子元素。

2）决算<Gcjs>的属性见表5.3.7-7。

表5.3.7-7 决算<Gcjs>属性列表

序号	属性名称	中文解释	数据类型	必填	备注
1	Num1	数量1	Double	√	
2	Num2	数量2	Double		
3	Price1	单价1	Double	√	
4	Price2	单价2	Double		
5	Sum	决算金额	Double	√	
6	Codes	对应要素费用项目（清单）编码	String	√	对应清单要素费用项目编码

5.3.8 建设项目前期投资控制<CprjInvest>

1 建设项目前期投资控制<CprjInvest>应符合下列规定：

1）建设项目<CprjInfo>元素应包含一个且仅有一个建设项目前期投资控制<CprjInvest>元素作为其子元素。

2）建设项目前期投资控制<CprjInvest>的结构如图5.3.8所示。

3）建设项目前期投资控制<CprjInvest>的子元素包含工可估算<Gkgs>、设计概算<Sjgs>、施工图预算<Sgys>，见表5.3.8-1。

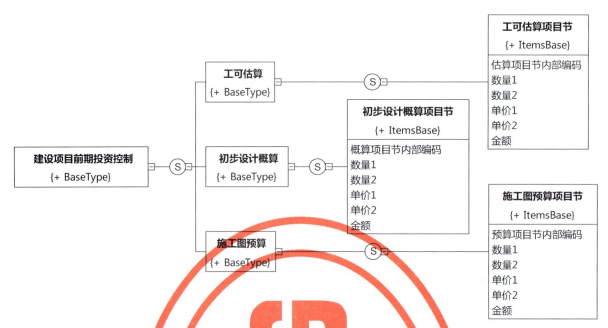

图 5.3.8 建设项目前期投资控制 <CprjInvest> 结构图

表 5.3.8-1 建设项目前期投资控制 <CprjInvest> 子元素列表

序号	属性名称	中文解释	必填	备注
1	Gkgs	工可估算		
2	Sjgs	设计概算	√	
3	Sgys	施工图预算	√	

2 工可估算 <Gkgs> 应符合下列规定：

1）建设项目前期投资控制 <CprjInvest> 元素可包含零个或一个工可估算 <Gkgs> 元素作为其子元素。

2）工可估算 <Gkgs> 的子元素为工可估算项目节 <GkgsItem>，见表 5.3.8-2。

表 5.3.8-2 工可估算 <Gkgs> 子元素列表

序号	属性名称	中文解释	必填	备注
1	GkgsItem	工可估算项目节	√	

3 工可估算项目节 <GkgsItem> 应符合下列规定：

1）工可估算 <Gkgs> 元素应包含一个或多个工可估算项目节 <GkgsItem> 元素作为其子元素。

2）工可估算项目节 <GkgsItem>，可按树状层次进行多级扩展。

3）工可估算项目节 <GkgsItem> 的属性继承费用要素项目（清单）基类 <ItemsBase>，见本标准第 5.3.3 条，其他属性见表 5.3.8-3。

表 5.3.8-3 工可估算项目节 <GkgsItem> 属性列表

序号	属性名称	中文解释	数据类型	必填	备注
1	SystemCode	估算项目节内部编码	String	√	造价软件生成
2	Num1	数量1	Double	√	

续表 5.3.8-3

序号	属性名称	中文解释	数据类型	必填	备注
3	Num2	数量2	Double		
4	Price1	单价1	Double	√	
5	Price2	单价2	Double		
6	Sum	金额	Double	√	

4 设计概算 <Sjgs> 应符合下列规定：

1) 建设项目前期投资控制 <CprjInvest> 元素应包含一个且仅有一个设计概算 <Sjgs> 元素作为其子元素。

2) 设计概算 <Sjgs> 的子元素为设计概算项目节 <SjgsItem>，见表 5.3.8-4。

表 5.3.8-4 设计概算 <Sjgs> 子元素列表

序号	属性名称	中文解释	必填	备注
1	SjgsItem	设计概算项目节	√	

5 设计概算项目节 <SjgsItem> 应符合下列规定：

1) 设计概算 <Sjgs> 元素应包含一个或多个设计概算项目节 <SjgsItem> 元素作为其子元素。

2) 设计概算项目节 <SjgsItem>，可按树状层次进行多级扩展。

3) 设计概算项目节 <SjgsItem> 的属性继承费用要素项目（清单）基类 <ItemsBase>，见本标准第 5.3.3 条，其他属性见表 5.3.8-5。

表 5.3.8-5 设计概算项目节 <SjgsItem> 属性列表

序号	属性名称	中文解释	数据类型	必填	备注
1	SystemCode	概算项目节内部编码	String	√	造价软件生成
2	Num1	数量1	Double	√	
3	Num2	数量2	Double		
4	Price1	单价1	Double	√	
5	Price2	单价2	Double		
6	Sum	金额	Double	√	

6 施工图预算 <Sgys> 应符合下列规定：

1) 建设项目前期投资控制 <CprjInvest> 元素可包含零个或一个施工图预算 <Sgys> 元素作为其子元素。

2) 施工图预算 <Sgys> 的子元素为施工图预算项目节 <SgysItem>，见表 5.3.8-6。

表 5.3.8-6 施工图预算 <Sgys> 子元素列表

序号	属性名称	中文解释	必填	备注
1	SgysItem	施工图预算项目节	√	

7 施工图预算项目节 <SgysItem> 应符合下列规定：

1) 施工图预算 <Sgys> 元素应包含一个或多个施工图预算项目节 <SgysItem> 元素作为其子元素。

2）施工图预算项目节＜SgysItem＞，可按树状层次进行多级扩展。

3）施工图预算项目节＜SgysItem＞的属性继承费用要素项目（清单）基类＜ItemsBase＞，见本标准第 5.3.3 条，其他属性见表 5.3.8-7。

表 5.3.8-7　施工图预算项目节＜SgysItem＞属性列表

序号	属性名称	中文解释	数据类型	必填	备注
1	SystemCode	预算项目节内部编码	String	√	造价软件生成
2	Num1	数量1	Double	√	
3	Num2	数量2	Double		
4	Price1	单价1	Double	√	
5	Price2	单价2	Double		
6	Sum	金额	Double	√	

5.3.9　建设项目建安工程决算汇总表＜SummaryTables＞

1　建设项目建安工程决算汇总表＜SummaryTables＞应符合下列规定：

1）建设项目＜CprjInfo＞元素应包含一个且仅有一个建设项目建安工程决算汇总表＜SummaryTables＞元素作为其子元素。

2）建设项目建安工程决算汇总表＜SummaryTables＞的结构如图 5.3.9 所示。

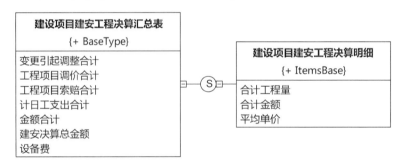

图 5.3.9　建设项目建安工程决算汇总表＜SummaryTables＞结构图

3）建设项目建安工程决算汇总表＜SummaryTables＞的子元素为建设项目建安工程决算明细＜SummaryTable＞，见表 5.3.9-1。

表 5.3.9-1　建设项目建安工程决算汇总表＜SummaryTables＞子元素列表

序号	属性名称	中文解释	必填	备注
1	SummaryTable	建设项目建安工程决算明细	√	

4）建设项目建安工程决算汇总表＜SummaryTables＞的属性见表 5.3.9-2。

表 5.3.9-2　建设项目建安工程决算汇总表＜SummaryTables＞属性列表

序号	属性名称	中文解释	数据类型	必填	备注
1	ChangeSum	变更引起调整合计	Double		
2	MpriceSum	工程项目调价合计	Double		

续表 5.3.9-2

序号	属性名称	中文解释	数据类型	必填	备注
3	ClaimSum	工程项目索赔合计	Double		
4	DayworkSum	计日工支出合计	Double		
5	TotalSum	金额合计	Double	√	
6	InstallationSum	建安决算总金额	Double	√	
7	EquipmentSum	设备费	Double		

2 建设项目建安工程决算明细 <SummaryTable> 应符合下列规定：

1）建设项目建安工程决算汇总表 <SummaryTables> 元素应包含一个且仅有一个建设项目建安工程决算明细 <SummaryTable> 元素作为其子元素。

2）建设项目建安工程决算明细 <SummaryTable> 的属性继承费用要素项目（清单）基类 <ItemsBase>，见本标准第 5.3.3 条，其他属性见表 5.3.9-3。

表 5.3.9-3 建设项目建安工程决算明细 <SummaryTable> 属性列表

序号	属性名称	中文解释	数据类型	必填	备注
1	TotalNum	合计工程量	Double	√	
2	TotalSum	合计金额	Double	√	
3	AveragePrice	平均单价	Double	√	

5.3.10 设备、工具、器具及家具购置费支出汇总表 <PurchasecostTables>

1 设备、工具、器具及家具购置费支出汇总表 <PurchasecostTables> 应符合下列规定：

1）建设项目 <CprjInfo> 元素应包含一个且仅有一个设备、工具、器具及家具购置费支出汇总表 <PurchasecostTables> 元素作为其子元素。

2）设备、工具、器具及家具购置费支出汇总表 <PurchasecostTables> 的结构如图 5.3.10 所示。

3）设备、工具、器具及家具购置费支出汇总表 <PurchasecostTables> 的子元素为设备、工具、器具及家具购置费支出明细 <PurchasecostTable>，见表 5.3.10-1。

2 设备、工具、器具及家具购置费支出明细 <PurchasecostTable> 应符合下列规定：

1）设备、工具、器具及家具购置费支出汇总表 <PurchasecostTables> 元素应包含一个或多个设备、工具、器具及家具购置费支出明细 <PurchasecostTable> 元素作为其子元素。

2）设备、工具、器具及家具购置费支出明细 <PurchasecostTable> 的属性见表 5.3.10-2。

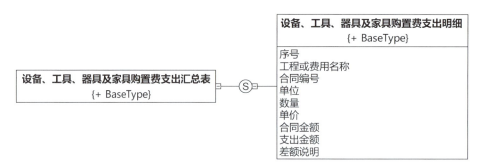

图 5.3.10 设备、工具、器具及家具购置费支出汇总表 <PurchasecostTables> 结构图

表 5.3.10-1 设备、工具、器具及家具购置费支出汇总表 <PurchasecostTables> 子元素列表

序号	属性名称	中文解释	必填	备注
1	PurchasecostTable	设备、工具、器具及家具购置费支出明细	√	

表 5.3.10-2 设备、工具、器具及家具购置费支出明细 <PurchasecostTable> 属性列表

序号	属性名称	中文解释	数据类型	必填	备注
1	No	序号	String	√	
2	Name	工程或费用名称	String	√	
3	ContractNo	合同编码	String	√	
4	Unit	单位	String	√	
5	Num	数量	Double	√	
6	Price	单价	Double	√	
7	ContractSum	合同金额	Double	√	
8	CostSum	支出金额	Double	√	
9	Remarks	差额说明	String		

5.3.11 工程建设其他费用支出汇总表 <OthercostTables>

1 工程建设其他费用支出汇总表 <OthercostTables> 应符合下列规定：

1）建设项目 <CprjInfo> 元素应包含一个且仅有一个工程建设其他费用支出汇总表 <OthercostTables> 元素作为其子元素。

2）工程建设其他费用支出汇总表 <OthercostTables> 的结构如图 5.3.11 所示。

3）工程建设其他费用支出汇总表 <OthercostTables> 的子元素为工程建设其他费用支出明细 <OthercostTable>，见表 5.3.11-1。

2 工程建设其他费用支出明细 <OthercostTable> 应符合下列规定：

1）工程建设其他费用支出汇总表 <OthercostTables> 元素应包含一个或多个工程建设其他费用支出明细 <OthercostTable> 元素作为其子元素。

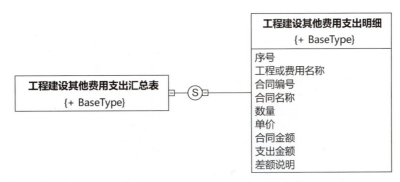

图 5.3.11 工程建设其他费用支出汇总表 < OthercostTables > 结构图

表 5.3.11-1 工程建设其他费用支出汇总表 < OthercostTables > 子元素列表

序号	属性名称	中文解释	必填	备注
1	OthercostTable	工程建设其他费用支出明细	√	

2) 工程建设其他费用支出明细 < OthercostTable > 的属性见表 5.3.11-2。

表 5.3.11-2 工程建设其他费用支出明细 < OthercostTable > 属性列表

序号	属性名称	中文解释	数据类型	必填	备注
1	No	序号	String	√	
2	Name	工程或费用名称	String	√	
3	ContractNo	合同编号	String	√	
4	ContractName	合同名称	String	√	
5	Num	数量	Double	√	
6	Price	单价	Double	√	
7	ContractSum	合同金额	Double	√	
8	CostSum	支出金额	Double	√	
9	Remarks	差额说明	String		

5.3.12 工程项目 < EprjInfo >

1 工程项目 < EprjInfo > 应符合下列规定：

1) 建设项目 < CprjInfo > 元素应包含一个或多个工程项目 < EprjInfo > 元素作为其子元素。

2) 工程项目 < EprjInfo > 的结构如图 5.3.12-1 所示。

3) 工程项目 < EprjInfo > 的子元素包含工程技术指标 < EprjIndexs >、工程项目工程决算文件 < EprjGcjs >，见表 5.3.12-1。

4) 工程项目 < EprjInfo > 的属性见表 5.3.12-2。

2 工程项目技术指标 < EprjIndexs > 应符合下列规定：

1) 工程项目 < EprjInfo > 元素应包含一个工程项目技术指标 < EprjIndexs > 元素作为其子元素。

2) 工程项目技术指标 < EprjIndexs > 的结构如图 5.3.12-2 所示。

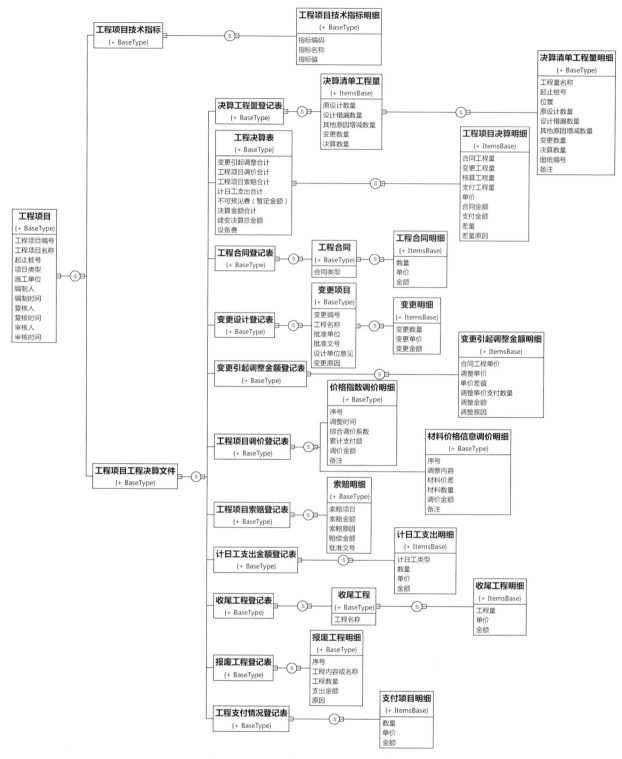

图 5.3.12-1 工程项目 <EprjInfo> 结构图

表 5.3.12-1 工程项目 <EprjInfo> 子元素列表

序号	属性名称	中文解释	必填	备注
1	EprjIndexs	工程项目技术指标	√	
2	EprjGcjs	工程项目工程决算文件	√	

表 5.3.12-2　工程项目 <EprjInfo> 属性列表

序号	属性名称	中文解释	数据类型	必填	备注
1	No	工程项目编号	String	√	
2	Name	工程项目名称	String	√	
3	Pilenumber	起止桩号	String		
4	Type	项目类型	String	√	
5	ConstructionUnit	施工单位	String	√	
6	CompileApprover	编制人	String	√	
7	CompileDate	编制日期	Datetime	√	
8	ReviewApprover	复核人	String	√	
9	ReviewDate	复核日期	Datetime	√	
10	ExamineApprover	审核人	String	√	
11	ExamineDate	审核日期	Datetime	√	

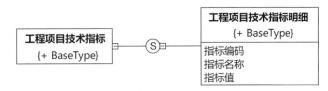

图 5.3.12-2　工程项目技术指标 <EprjIndexs> 结构图

3）工程项目技术指标 <EprjIndexs> 的子元素为工程项目技术指标明细 <EprjIndex>，见表 5.3.12-3。

表 5.3.12-3　工程项目技术指标 <EprjIndexs> 子元素列表

序号	属性名称	中文解释	必填	备注
1	EprjIndex	工程项目技术指标明细	√	

3　工程项目技术指标明细 <EprjIndex> 应符合下列规定：

1）工程项目技术指标 <EprjIndexs> 元素应包含一个或多个工程项目技术指标明细 <EprjIndex> 元素作为其子元素。

2）工程项目技术指标明细 <EprjIndex> 的属性见表 5.3.12-4。

表 5.3.12-4　工程项目技术指标明细 <EprjIndex> 属性列表

序号	属性名称	中文解释	数据类型	必填	备注
1	Code	指标编码	String	√	详见本标准第 6.10 节
2	Name	指标名称	String	√	
3	Value1	指标值	Double	√	

4　工程项目工程决算文件 <EprjGcjs> 应符合下列规定：

1）工程项目 <EprjInfo> 元素应包含一个工程项目工程决算文件 <EprjGcjs> 元素作为其子元素。

2）工程项目工程决算文件 <EprjGcjs> 的结构如图 5.3.12-3 所示。

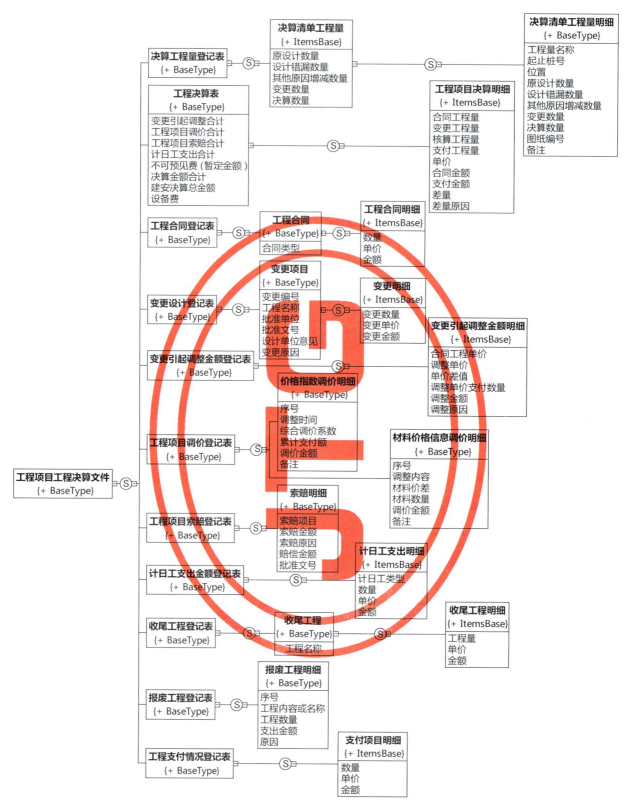

图 5.3.12-3　工程项目工程决算文件 <EprjGcjs> 结构图

3) 工程项目工程决算文件 <EprjGcjs> 的子元素包括决算工程量登记表 <EprjNums>、工程决算表 <EprjAccounts>、工程合同登记表 <EprjContracts>、变更设计登记表

<ChangeDesigns>、变更引起调整金额登记表<ChangeSums>、工程项目调价登记表<Mprices>、工程项目索赔登记表<Claims>、计日工支出金额登记表<Dayworks>、收尾工程登记表<EndingProject>、报废工程登记表<Scraps>、工程支付情况登记表<Payments>，见表 5.3.12-5。

表 5.3.12-5 工程项目工程项目工程决算文件<EprjGcjs>子元素列表

序号	属性名称	中文解释	必填	备注
1	EprjNums	决算工程量登记表	√	
2	EprjAccounts	工程决算表	√	
3	EprjContracts	工程合同登记表	√	
4	ChangeDesigns	变更设计登记表	√	
5	ChangeSums	变更引起调整金额登记表	√	
6	Mprices	工程项目调价登记表	√	
7	Claims	工程项目索赔登记表	√	
8	Dayworks	计日工支出金额登记表	√	
9	EndingProject	收尾工程登记表	√	
10	Scraps	报废工程登记表	√	
11	Payments	工程支付情况登记表	√	

5 决算工程量登记表<EprjNums>应符合下列规定：

1）工程项目工程决算文件<EprjGcjs>元素应包含一个决算工程量登记表<EprjNums>元素作为其子元素。

2）决算工程量登记表<EprjNums>的结构如图 5.3.12-4 所示。

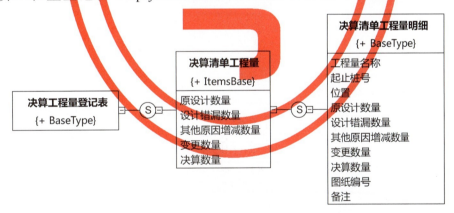

图 5.3.12-4 决算工程量登记表<EprjNums>结构图

3）决算工程量登记表<EprjNums>的子元素为决算清单工程量<Quantities>，见表 5.3.12-6。

表 5.3.12-6 决算工程量登记表<EprjNums>子元素列表

序号	属性名称	中文解释	必填	备注
1	Quantities	决算清单工程量	√	

6 决算清单工程量 < Quantities > 应符合下列规定：

1）决算工程量登记表 < EprjNums > 元素应包含一个或多个决算清单工程量 < Quantities > 元素作为其子元素。

2）决算清单工程量 < Quantities > 的子元素为决算清单工程量明细 < Quantitie >，见表5.3.12-7。

表5.3.12-7 决算清单工程量 < Quantities > 子元素列表

序号	属性名称	中文解释	必填	备注
1	Quantitie	决算清单工程量明细	√	

3）决算清单工程量 < Quantities > 的属性继承费用要素项目（清单）基类 < ItemsBase >，见本标准第5.3.3条，其他属性见表5.3.12-8。

表5.3.12-8 决算清单工程量 < Quantities > 属性列表

序号	属性名称	中文解释	数据类型	必填	备注
1	DesignNums	原设计数量	Double	√	
2	LeakageNums	设计核漏数量	Double		
3	OtherNums	其他原因增减数量	Double		
4	ChangeNums	变更数量	Double		
5	AccountsNums	决算数量	Double	√	

7 决算清单工程量明细 < Quantitie > 应符合下列规定：

1）决算清单工程量 < Quantities > 元素应包含一个或多个决算清单工程量明细 < Quantitie > 作为其子元素。

2）决算清单工程量明细 < Quantitie > 的属性见表5.3.12-9。

表5.3.12-9 决算清单工程量明细 < Quantitie > 属性列表

序号	属性名称	中文解释	数据类型	必填	备注
1	Name	工程量名称	String	√	
2	Pilenumber	起止桩号	String	√	
3	Area	位置	String	√	
4	DesignNum	原设计数量	Double	√	
5	LeakageNum	设计错漏数量	Double		
6	OtherNum	其他原因增减数量	Double		
7	ChangeNum	变更数量	Double		
8	AccountsNum	决算数量	Double	√	
9	DrawingNo	图纸编号	String		
10	Remarks	备注	String		

8 工程决算表 < EprjAccounts > 应符合下列规定：

1）工程项目工程决算文件 < EprjGcjs > 元素应包含一个工程决算表 < EprjAccounts >

元素作为其子元素。

2）工程决算表 <EprjAccounts> 的结构如图 5.3.12-5 所示。

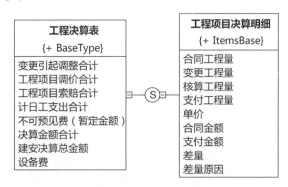

图 5.3.12-5　工程决算表 <EprjAccounts> 结构图

3）工程决算表 <EprjAccounts> 的子元素为工程项目决算明细 <EprjAccount>，见表 5.3.12-10。

表 5.3.12-10　工程决算表 <EprjAccounts> 子元素列表

序号	属性名称	中文解释	必填	备注
1	EprjAccount	工程项目决算明细	√	

4）工程决算表 <EprjAccounts> 的属性见表 5.3.12-11。

表 5.3.12-11　工程决算表 <EprjAccounts> 属性列表

序号	属性名称	中文解释	数据类型	必填	备注
1	ChangeSum	变更引起调整合计	Double		
2	MpriceSum	工程项目调价合计	Double		
3	ClaimSum	工程项目索赔合计	Double		
4	DayworkSum	计日工合计	Double		
5	UnforeseeableSum	不可预见费（暂定金额）	Double		
6	TotalSum	决算金额合计	Double	√	
7	InstallationSum	建安决算总金额	Double	√	
8	EquipmentSum	设备费	Double		

9　工程项目决算明细 <EprjAccount> 应符合下列规定：

1）工程决算表 <EprjAccounts> 元素应包含一个或多个工程项目决算明细 <EprjAccount> 元素作为其子元素。

2）工程项目决算明细 <EprjAccount> 的属性继承费用要素项目（清单）基类 <ItemsBase>，见本标准第 5.3.3 条，其他属性见表 5.3.12-12。

表 5.3.12-12　工程项目决算明细 <EprjAccount> 属性列表

序号	属性名称	中文解释	数据类型	必填	备注
1	ContractNum	合同工程量	Double	√	
2	ChangeNum	变更工程量	Double		

续表 5.3.12-12

序号	属性名称	中文解释	数据类型	必填	备 注
3	ExamineNum	核算工程量	Double	√	
4	PayNum	支付工程量	Double	√	
5	Price	单价	Double	√	
6	ContractSum	合同金额	Double	√	
7	PaySum	支付金额	Double	√	
8	MoreLess	差量	Double	√	
9	Remarks	差量原因	String		

10 工程合同登记表 < EprjContracts > 应符合下列规定：

1）工程项目工程决算文件 < EprjGcjs > 元素应包含一个工程合同登记表 < EprjContracts > 元素作为其子元素。

2）工程合同登记表 < EprjContracts > 的结构如图 5.3.12-6 所示。

图 5.3.12-6　工程合同登记表 < EprjContracts > 结构图

3）工程合同登记表 < EprjContracts > 的子元素为工程合同 < Contracts >，见表 5.3.12-13。

表 5.3.12-13　工程合同登记表 < EprjContracts > 子元素列表

序号	属性名称	中文解释	必填	备 注
1	Contracts	工程合同	√	

11 工程合同 < Contracts > 应符合下列规定：

1）工程合同登记表 < EprjContracts > 元素应包含一个或多个工程合同 < Contracts > 元素作为其子元素。

2）工程合同 < Contracts > 的子元素为工程合同明细 < Contract >，见表 5.3.12-14。

表 5.3.12-14　工程合同 < Contracts > 子元素列表

序号	属性名称	中文解释	必填	备 注
1	Contract	工程合同明细	√	

3）工程合同 < Contracts > 的属性见表 5.3.12-15。

表 5.3.12-15　工程合同 < Contracts > 属性列表

序号	属性名称	中文解释	数据类型	必填	备 注
1	Type	合同类型	String	√	枚举定义，0 = 土建；1 = 安装；2 = 计日工

12 工程合同明细 <Contract> 应符合下列规定：

1）工程合同 <Contracts> 元素应包含一个或多个工程合同明细 <Contract> 作为其子元素。

2）工程合同明细 <Contract> 的属性继承费用要素项目（清单）基类 <ItemsBase>，见本标准第5.3.3条，其他属性见表5.3.12-16。

表 5.3.12-16　工程合同明细 <Contract> 属性列表

序号	属性名称	中文解释	数据类型	必填	备注
1	Num	数量	Double	√	
2	Price	单价	Double	√	
3	Sum	金额	Double	√	

13 变更设计登记表 <ChangeDesigns> 应符合下列规定：

1）工程项目工程决算文件 <EprjGcjs> 元素应包含一个工程变更设计登记表 <ChangeDesigns> 元素作为其子元素。

2）变更设计登记表 <ChangeDesigns> 的结构如图5.3.12-7所示。

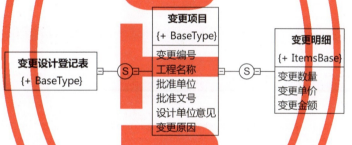

图 5.3.12-7　变更设计登记表 <ChangeDesigns> 结构图

3）变更设计登记表 <ChangeDesigns> 的子元素为变更项目 <ChangeItems>，见表5.3.12-17。

表 5.3.12-17　变更设计登记表 <ChangeDesigns> 子元素列表

序号	属性名称	中文解释	必填	备注
1	ChangeItems	变更项目	√	

14 变更项目 <ChangeItems> 应符合下列规定：

1）变更设计登记表 <ChangeDesigns> 元素应包含一个或多个变更项目 <ChangeItems> 元素作为其子元素。

2）变更项目 <ChangeItems> 的子元素为变更明细 <ChangeItem>，见表5.3.12-18。

表 5.3.12-18　变更项目 <ChangeItems> 子元素列表

序号	属性名称	中文解释	必填	备注
1	ChangeItem	变更明细	√	

3）变更项目 <ChangeItems> 的属性见表 5.3.12-19。

表 5.3.12-19 变更项目 <ChangeItems> 属性列表

序号	属性名称	中文解释	数据类型	必填	备注
1	ChangeNo	变更编号	String	√	
2	ProjectName	工程名称	String	√	
3	ApprovedUnit	批准单位	String	√	
4	ApprovedNo	批准文号	String	√	
5	Comments	设计单位意见	String		
6	Remarks	变更原因	String	√	

15 变更明细 <ChangeItem> 应符合下列规定：

1）变更项目 <ChangeItems> 元素应包含一个或多个变更明细 <ChangeItem> 作为其子元素。

2）变更明细 <ChangeItem> 的属性继承费用要素项目（清单）基类 <ItemsBase>，见本标准第 5.3.3 条，其他属性见表 5.3.12-20。

表 5.3.12-20 变更明细 <ChangeItem> 属性列表

序号	属性名称	中文解释	数据类型	必填	备注
1	Num	变更数量	Double	√	
2	Price	变更单价	Double	√	
3	Sum	变更金额	Double	√	

16 变更引起调整金额登记表 <ChangeSums> 应符合下列规定：

1）工程项目工程决算文件 <EprjGcjs> 元素应包含一个工程变更引起调整金额登记表 <ChangeSums> 元素作为其子元素。

2）变更引起调整金额登记表 <ChangeSums> 的结构如图 5.3.12-8 所示。

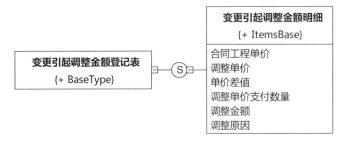

图 5.3.12-8 变更引起调整金额登记表 <ChangeSums> 结构图

3）变更引起调整金额登记表 <ChangeSums> 的子元素为变更引起调整金额明细 <ChangeSum>，见表 5.3.12-21。

表 5.3.12-21 变更引起调整金额登记表 <ChangeSums> 子元素列表

序号	属性名称	中文解释	必填	备注
1	ChangeSum	变更引起调整金额明细	√	

17 变更引起调整金额明细<ChangeSum>应符合下列规定：

1）变更引起调整金额登记表<ChangeSums>元素应包含一个或多个变更引起调整金额明细<ChangeSum>元素作为其子元素。

2）变更引起调整金额明细<ChangeSum>的属性继承费用要素项目（清单）基类<ItemsBase>，见本标准第5.3.3条，其他属性见表5.3.12-22。

表5.3.12-22 变更引起调整金额明细<ChangeSum>属性列表

序号	属性名称	中文解释	数据类型	必填	备注
1	ContractPrice	合同工程单价	Double	√	
2	ChangePrice	调整单价	Double	√	
3	Dvalue	单价差值	Double	√	
4	ChangeNum	调整单价支付数量	Double	√	
5	ChangeSum	调整金额	Double	√	
6	Remarks	调整原因	String		

18 工程项目调价登记表<Mprices>应符合下列规定：

1）工程项目工程决算文件<EprjGcjs>元素应包含一个工程项目调价登记表<Mprices>元素作为其子元素。

2）工程项目调价登记表<Mprices>的结构如图5.3.12-9所示。

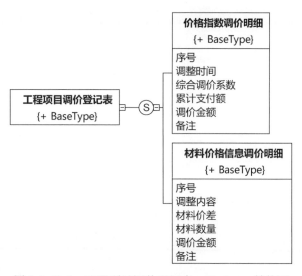

图5.3.12-9 工程项目调价登记表<Mprices>结构图

3）工程项目调价登记表<Mprices>的子元素包括综合调价明细<PriceIndex>、单项调价明细<MaterialPrice>，见表5.3.12-23。

19 综合调价明细<PriceIndex>应符合下列规定：

1）工程项目调价登记表<Mprices>元素应包含一个或多个综合调价明细<PriceIndex>元素作为其子元素。

2）综合调价明细<PriceIndex>的属性见表5.3.12-24。

表 5.3.12-23 工程项目调价登记表 <Mprices> 子元素列表

序号	属性名称	中文解释	必填	备注
1	PriceIndex	综合调价明细		
2	MaterialPrice	单项调价明细		

表 5.3.12-24 综合调价明细 <PriceIndex> 属性列表

序号	属性名称	中文解释	数据类型	必填	备注
1	No	序号	String	√	
2	ChangeDate	调整时间	Date	√	
3	ChangeRatio	综合调价系数	Double	√	
4	PaySum	累计支付额	Double	√	
5	ChangeSum	调价金额	Double	√	
6	Remarks	备注	String		

20 单项调价明细 <MaterialPrice> 应符合下列规定：

1）工程项目调价登记表 <Mprices> 元素应包含一个或多个单项调价明细 <MaterialPrice> 元素作为其子元素。

2）单项调价明细 <MaterialPrice> 的属性见表 5.3.12-25。

表 5.3.12-25 单项调价明细 <MaterialPrice> 属性列表

序号	属性名称	中文解释	数据类型	必填	备注
1	No	序号	String	√	
2	ChangeContent	调整内容	String	√	
3	PriceDifference	材料价差	Double	√	
4	Sum	材料数量	Double	√	
5	ChangeSum	调价金额	Double	√	
6	Remarks	备注	String	√	

21 工程项目索赔登记表 <Claims> 应符合下列规定：

1）工程项目工程决算文件 <EprjGcjs> 元素应包含一个工程项目索赔登记表 <Claims> 元素作为其子元素。

2）工程项目索赔登记表 <Claims> 的结构如图 5.3.12-10。

3）工程项目索赔登记表 <Claims> 的子元素为索赔明细 <Claim>，见表 5.3.12-26。

表 5.3.12-26 工程项目索赔登记表 <Claims> 子元素列表

序号	属性名称	中文解释	必填	备注
1	Claim	索赔明细	√	

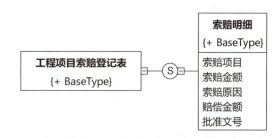

图 5.3.12-10　工程项目索赔登记表 <Claims> 结构图

22　索赔明细 <Claim> 应符合下列规定：

1）工程项目索赔登记表 <Claims> 元素应包含一个或多个索赔明细 <Claim> 元素作为其子元素。

2）索赔明细 <Claim> 的属性见表 5.3.12-27。

表 5.3.12-27　索赔明细 <Claim> 属性列表

序号	属性名称	中文解释	数据类型	必填	备注
1	Name	索赔项目	String	√	
2	ClaimSum	索赔金额	Double	√	
3	Remarks	索赔原因	String	√	
4	CompensateSum	赔偿金额	Double	√	
5	ApprovedNo	批准文号	String	√	

23　计日工支出金额登记表 <Dayworks> 应符合下列规定：

1）工程项目工程决算文件 <EprjGcjs> 元素应包含一个计日工支出金额登记表 <Dayworks> 元素作为其子元素。

2）计日工支出金额登记表 <Dayworks> 的结构如图 5.3.12-11 所示。

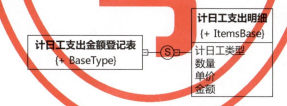

图 5.3.12-11　计日工支出金额登记表 <Dayworks> 结构图

3）计日工支出金额登记表 <Dayworks> 的子元素为计日工支出明细 <Daywork>，见表 5.3.12-28。

表 5.3.12-28　计日工支出金额登记表 <Dayworks> 子元素列表

序号	属性名称	中文解释	必填	备注
1	Daywork	计日工支出明细	√	

24　计日工支出明细 <Daywork> 应符合下列规定：

1）计日工支出金额登记表 <Dayworks> 元素应包含一个或多个计日工支出明细 <Daywork> 元素作为其子元素。

2）计日工支出明细 <Daywork> 的属性继承费用要素项目（清单）基类 <Items-

Base >，见本标准第5.3.3条，其他属性见表5.3.12-29。

表 5.3.12-29 计日工支出明细 < Daywork > 属性列表

序号	属性名称	中 文 解 释	数据类型	必填	备 注
1	Type	计日工类型	String	√	
2	Num	数量	Double	√	
3	Price	单价	Double	√	
4	Sum	金额	Double	√	

25 收尾工程登记表 < EndingProject > 应符合下列规定：

1）工程项目工程决算文件 < EprjGcjs > 元素应包含一个收尾工程登记表 < EndingProject > 元素作为其子元素。

2）收尾工程登记表 < EndingProject > 的结构如图5.3.12-12所示。

图 5.3.12-12 收尾工程登记表 < EndingProject > 结构图

3）收尾工程登记表 < EndingProject > 的子元素为收尾工程 < Endings >，见表5.3.12-30。

表 5.3.12-30 收尾工程登记表 < EndingProject > 子元素列表

序号	属 性 名 称	中 文 解 释	必填	备 注
1	Endings	收尾工程	√	

26 收尾工程 < Endings > 应符合下列规定：

1）收尾工程登记表 < EndingProject > 元素应包含一个或多个收尾工程 < Endings > 元素作为其子元素。

2）收尾工程 < Endings > 的子元素为收尾工程明细 < Ending >，见表5.3.12-31。

表 5.3.12-31 收尾工程 < Endings > 子元素列表

序号	属 性 名 称	中 文 解 释	必填	备 注
1	Ending	收尾工程明细	√	

3）收尾工程 < Endings > 的属性见表5.3.12-32。

表 5.3.12-32 收尾工程 < Endings > 属性列表

序号	属性名称	中 文 解 释	数据类型	必填	备 注
1	Name	工程名称	String	√	

27 收尾工程明细 < Ending > 应符合下列规定：

1）收尾工程 < Endings > 元素应包含一个或多个收尾工程明细 < Ending > 作为其子元素。

2）收尾工程明细 <Ending> 的属性继承费用要素项目（清单）基类 <ItemsBase>，见本标准第 5.3.3 条，其他属性见表 5.3.12-33。

表 5.3.12-33　收尾工程明细 <Ending> 属性列表

序号	属性名称	中文解释	数据类型	必填	备注
1	Num	工程量	Double	√	
2	Price	单价	Double	√	
3	Sum	金额	Double	√	

28　报废工程登记表 <Scraps> 应符合下列规定：

1）工程项目工程决算文件 <EprjGcjs> 元素应包含一个报废工程登记表 <Scraps> 元素作为其子元素。

2）报废工程登记表 <Scraps> 的结构如图 5.3.12-13 所示。

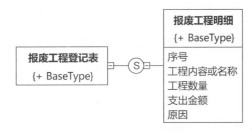

图 5.3.12-13　报废工程登记表 <Scraps> 结构图

3）报废工程登记表 <Scraps> 的子元素为报废工程明细 <Scrap>，见表 5.3.12-34。

表 5.3.12-34　报废工程登记表 <Scraps> 子元素列表

序号	属性名称	中文解释	必填	备注
1	Scrap	报废工程明细	√	

29　报废工程明细 <Scrap> 应符合下列规定：

1）报废工程登记表 <Scraps> 元素应包含一个或多个报废工程明细 <Scrap> 元素作为其子元素。

2）报废工程明细 <Scrap> 的属性见表 5.3.12-35。

表 5.3.12-35　报废工程明细 <Scrap> 属性列表

序号	属性名称	中文解释	数据类型	必填	备注
1	No	序号	String	√	
2	Name	工程内容或名称	String	√	
3	Num	工程数量	Double	√	
4	Sum	支出金额	Double	√	
5	Remarks	原因	String	√	

30 工程支付情况登记表 <Payments> 应符合下列规定:

1) 工程项目工程决算文件 <EprjGcjs> 元素应包含一个工程支付情况登记表 <Payments> 元素作为其子元素。

2) 工程支付情况登记表 <Payments> 的结构如图 5.3.12-14 所示。

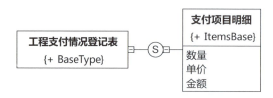

图 5.3.12.14 工程支付情况登记表 <Payments> 结构图

3) 工程支付情况登记表 <Payments> 的子元素为支付项目明细 <Payment>,见表 5.3.12-36。

表 5.3.12-36 工程支付情况登记表 <**Payments**> 子元素列表

序号	属性名称	中文解释	必填	备注
1	Payment	支付项目明细	√	

31 支付项目明细 <Payment> 应符合下列规定:

1) 工程支付情况登记表 <Payments> 元素应包含一个或多个支付项目明细 <Payment> 元素作为其子元素。

2) 支付项目明细 <Payment> 的属性继承费用要素项目(清单)基类 <ItemsBase>,见本标准第 5.3.3 条,其他属性见表 5.3.12-37。

表 5.3.12-37 支付项目明细 <**Payment**> 属性列表

序号	属性名称	中文解释	数据类型	必填	备注
1	Num	数量	Double	√	
2	Price	单价	Double	√	
3	Sum	金额	Double	√	

6 数据编码标准

6.1 造价类型编码

6.1.1 造价类型编码见表6.1.1。

表6.1.1 造价类型编码

编 码	造价类型名称
JYGS	项目建议书估算
GKGS	可行性研究估算
SJGS	设计概算
SGYS	施工图预算
QDYS	清单预算
GCJS	工程决算

6.2 造价依据编码

6.2.1 公路工程造价依据编码标准采用"前缀-行政区划代码-文号-序号-版本号",各部分的取值说明见下列内容：

1 公路工程造价依据编码前缀见表6.2.1-1。

表6.2.1-1 公路工程造价依据编码前缀

造价依据类别	造价依据编码前缀	造价依据名称
编制办法	GSBB	公路工程建设项目投资估算编制办法
	GYSBB	公路工程建设项目概算预算编制办法
定额指标	GSZB	公路工程估算指标
	GSDE	公路工程概算定额
	YSDE	公路工程预算定额
	YHDE	公路养护预算定额
工料机	GLJ	工料机库
费率	GSFL	估算费率
	GYSFL	概预算费率

续表 6.2.1-1

造价依据类别	造价依据编码前缀	造价依据名称
要素费用项目	GUSFX	估算分项
	GSFX	概算分项
	YSFX	预算分项
	GYSFX	概预算分项
	QDFX	清单分项
车船税标准	CCSBZ	车船税标准
价格信息	JGXX	价格信息
人工单价	RGDJ	人工单价
规费	GFFL	规费费率
利润	LRL	利润率
税金	SL	税率

2 行政区划代码见表6.2.1-2。

表 6.2.1-2 行政区划代码

代 码	名 称
000000	交通运输部
110000	北京市
120000	天津市
130000	河北省
140000	山西省
150000	内蒙古自治区
210000	辽宁省
220000	吉林省
230000	黑龙江省
310000	上海市
320000	江苏省
330000	浙江省
340000	安徽省
350000	福建省
360000	江西省
370000	山东省
410000	河南省
420000	湖北省
430000	湖南省
440000	广东省

续表 6.2.1-2

代　　码	名　　称
450000	广西壮族自治区
460000	海南省
500000	重庆市
510000	四川省
520000	贵州省
530000	云南省
540000	西藏自治区
610000	陕西省
620000	甘肃省
630000	青海省
640000	宁夏回族自治区
650000	新疆维吾尔自治区

注：如涉及港澳台地区，台湾省、香港特别行政区、澳门特别行政区的行政区划代码分别为 710000、810000、820000。

3　文号为发布该造价依据所使用的正式文号，格式为：单位函简称＋[年份]＋**。

4　若同一文号文件中仅发布了一个造价依据，则序号部分应省略；否则使用序号区分各造价依据，序号为从 1 开始编号的数值。

5　版本号是让用户了解所使用的电子造价依据是否为最新版本，版本号由电子造价依据管理单位统一生成。

条文说明

1　造价依据编码示例表 6-1。

表 6-1　造价依据编码示例表

造价依据编码前缀	造价依据名称	备　注
GSBB-000000-部公告〔2018〕第 86 号-**	公路工程建设项目投资估算编制办法	部颁标准
GYSBB-000000-部公告〔2018〕第 86 号-**	公路工程建设项目概算预算编制办法	部颁标准
GSZB-000000-部公告〔2018〕第 86 号-**	公路工程估算指标	部颁标准
GSDE-000000-部公告〔2018〕第 86 号-**	公路工程概算定额	部颁标准
YSDE-000000-部公告〔2018〕第 86 号-**	公路工程预算定额	部颁标准
GLJ-000000-部公告〔2018〕第 86 号-**	2018 工料机库	部颁标准
GLJJJ-000000-部公告〔2018〕第 86 号-**	2018 工料机基价库	部颁标准
GSFL-000000-部公告〔2018〕第 86 号-**	2018 估算费率	部颁标准

续表 6-1

造价依据编码前缀	造价依据名称	备 注
GYSFL-000000-部公告〔2018〕第 86 号-**	2018 概预算费率	部颁标准
GSFX-000000-部公告〔2018〕第 86 号-**	2018 估算分项	部颁标准
GYSFX-000000-部公告〔2018〕第 86 号-**	2018 概预算分项	部颁标准
CCSBZ-530000-云交建设〔2019〕34 号-**	2018 车船税标准	云南
JGXX-530000-云交造价〔2018〕128 号-**	2018 年云南第 6 期价格信息	云南

2 表 6.2.1-2 仅列出省（自治区、直辖市）级代码，市（州、地区）、县（区）级代码参见全国行政区划代码表。

6.3 工程类别编码

6.3.1 《公路工程建设项目投资估算编制办法》（JTG 3820—2018）对应工程类别编码见表 6.3.1。

表 6.3.1 JTG 3820—2018 对应工程类别编码

编　　码	工程类别名称	编　　码	工程类别名称
BJ	不计	GZWⅠ（BJD）	构造物Ⅰ（不计冬）
TF	土方	GZWⅠ（BJY）	构造物Ⅰ（不计雨）
SF	石方	GZWⅡ	构造物Ⅱ
YS	运输	GZWⅢ	构造物Ⅲ
LM	路面	GZWⅢ（BJY）	构造物Ⅲ（不计雨）
LM（BJY）	路面（不计雨）	JSFZDQ	技术复杂大桥
SD	隧道	GJG	钢结构
GZWⅠ	构造物Ⅰ		

条文说明

若为历史造价数据，在使用本标准时，增加工程类别编码见表 6-2。

表 6-2 增加 JTG 3820—2018 对应工程类别编码

编　　码	工程类别名称	备　　注
RGTF	人工土方	
JXTF	机械土方	
YS	汽车运输	采用 JTG 3820—2018 "运输" 对应编码
TGSF	人工石方	
JXSF	机械石方	
GJLM	高级路面	
QTLM	其他路面	
GZWⅢ（BJY）	构造物Ⅲ（不计雨）	
GZWⅢ（BJYY）	构造物Ⅲ（不计雨夜）	

6.3.2 《公路工程建设项目概算预算编制办法》（JTG 3830—2018）对应工程类别编码见表6.3.2。

表 6.3.2 JTG 3830—2018 对应工程类别编码

编　码	工程类别名称	编　码	工程类别名称
BJ	不计	GZWⅠ（BJY）	构造物Ⅰ（不计雨）
TF	土方	GZWⅡ	构造物Ⅱ
SF	石方	GZWⅢ	构造物Ⅲ
YS	运输	GZWⅢ（BJH）	构造物Ⅲ（不计海）
LM	路面	GZWⅢ（BJYYH）	构造物Ⅲ（不计雨夜海）
LM（BJY）	路面（不计雨）	JSFZDQ	技术复杂大桥
SD	隧道	GCJGJG	钢材及钢结构
GZWⅠ	构造物Ⅰ	GCJGJG（BJH）	钢材及钢结构（不计海）
GZWⅠ（BJD）	构造物Ⅰ（不计冬）	GCJGJG（BJYH）	钢材及钢结构（不计夜海）

条文说明

若为历史造价数据，在使用本标准时，增加工程类别编码见表6-3。

表 6-3 增加 JTG 3830—2018 对应工程类别编码

编　码	工程类别名称	备　注
RGTF	人工土方	
JXTF	机械土方	
YS	汽车运输	采用 JTG 3830—2018 "运输"对应编码
TGSF	人工石方	
JXSF	机械石方	
GJLM	高级路面	
QTLM	其他路面	
GZWⅢ（BJY）	构造物Ⅲ（不计雨）	
GZWⅢ（BJYY）	构造物Ⅲ（不计雨夜）	

6.4 费率编码

6.4.1 费率类别编码见表6.4.1。

表 6.4.1 费率类别编码

费率类别编码	费率类别名称	费率类别编码	费率类别名称
DJSGZJFFL	冬季施工增加费费率	ZFSYFBTFL	主副食运费补贴费率
YUJSGZJFFL	雨季施工增加费费率	ZGTQLFFL	职工探亲路费费率
YEJSGZJFFL	夜间施工增加费费率	ZGQNBTFL	职工取暖补贴费率
GYDQSGZJFFL	高原地区施工增加费费率	CWFYFL	财务费用费率
FSDQSGZJFFL	风沙地区施工增加费费率	QYGLZHFFL	企业管理综合费费率
YHDQSGZJFFL	沿海地区施工增加费费率	YANGLBXFFL	养老保险费费率
XCGRSGZJFFL	行车干扰施工增加费费率	SYBXFFL	失业保险费费率
SGFZFFL	施工辅助费费率	YILBXFFL	医疗保险费费率
GDZYFFL	工地转移费费率	ZFGJJFL	住房公积金费率
CSFZHFLⅠ	措施费综合费率Ⅰ	GSBXFFL	工伤保险费费率
CSFZHFLⅡ	措施费综合费率Ⅱ	GFZHFL	规费综合费率
FZSCJJFFL	辅助生产间接费费率	LRL	利润率
JBFYFL	基本费用费率	SL	税率

条文说明

（1）费率类别编码为相应取费类别名称汉语拼音首字母缩写。若编码冲突（编码值重复），则从第1个字符起使用拼音全拼代替拼音首字母，直至编码值不冲突为止。如："雨季施工增加费费率"和"夜间施工增加费费率"使用汉语拼音首字母缩写作为费率类别编码时均为YJSGZJFFL（编码值重复），则"雨季施工增加费费率"和"夜间施工增加费费率"分别使用"YUJSGZJFFL"和"YEJSGZJFFL"作为取费类别编码。

（2）若为历史造价数据，在使用本标准时，增加费率类别编码见表6-4。

表 6-4 增加费率类别编码

费率类别编码	费率类别名称	费率类别编码	费率类别名称
SGBZHYAQCSFFL	施工标准化与安全措施费费率	QTGCFFLⅠ	其他工程费费率Ⅰ
LSSSFFL	临时设施费费率	QTGCFFLⅡ	其他工程费费率Ⅱ
JJFFL	间接费费率		

6.4.2 费率类别取值参数编码或值应符合下列要求：

1 冬季施工增加费费率取值参数编码见表6.4.2-1。

表 6.4.2-1 冬季施工增加费费率取值参数编码

取值参数编码	冬季施工取值参数名	取值参数编码	冬季施工取值参数名
0	不计	6	冬四区
1	冬一区Ⅰ	7	冬五区
2	冬一区Ⅱ	8	冬六区
3	冬二区Ⅰ	9	准一区
4	冬二区Ⅱ	10	准二区
5	冬三区		

2 雨季施工增加费费率取值参数编码见表 6.4.2-2。

表 6.4.2-2 雨季施工增加费费率取值参数编码

取值参数编码	雨季施工取值参数名	取值参数编码	雨季施工取值参数名
0	不计	11	Ⅱ区 3.5 个月
1	Ⅰ区 1 个月	12	Ⅰ区 4 个月
2	Ⅱ区 1 个月	13	Ⅱ区 4 个月
3	Ⅰ区 1.5 个月	14	Ⅰ区 4.5 个月
4	Ⅰ区 2 个月	15	Ⅱ区 4.5 个月
5	Ⅱ区 2 个月	16	Ⅰ区 5 个月
6	Ⅰ区 2.5 个月	17	Ⅱ区 5 个月
7	Ⅱ区 2.5 个月	18	Ⅰ区 6 个月
8	Ⅰ区 3 个月	19	Ⅱ区 6 个月
9	Ⅱ区 3 个月	20	Ⅱ区 7 个月
10	Ⅰ区 3.5 个月	21	Ⅱ区 8 个月

3 高原地区施工增加费费率取值参数编码见表 6.4.2-3。

表 6.4.2-3 高原地区施工增加费费率取值参数编码

取值参数编码	高原地区施工取值参数名	取值参数编码	高原地区施工取值参数名
0	不计	4	3 501~4 000
1	2 001~2 500	5	4 001~4 500
2	2 501~3 000	6	4 501~5 000
3	3 001~3 500	7	5 000 以上

4 风沙地区施工增加费费率取值参数编码见表 6.4.2-4。

表 6.4.2-4 风沙地区施工增加费费率取值参数编码

取值参数编码	风沙地区施工取值参数名	取值参数编码	风沙地区施工取值参数名
0	不计	5	风沙二区半固定
1	风沙一区固定	6	风沙二区流动
2	风沙一区半固定	7	风沙三区固定
3	风沙一区流动	8	风沙三区半固定
4	风沙二区固定	9	风沙三区流动

5 行车干扰施工增加费费率取值参数编码如表 6.4.2-5 所示。

表 6.4.2-5 行车干扰施工增加费费率取值参数编码

取值参数编码	行车干扰施工取值参数名	取值参数编码	行车干扰施工取值参数名
0	不计	5	2 001～3 000
1	51～100	6	3 001～4 000
2	101～500	7	4 001～5 000
3	501～1 000	8	5 000 以上
4	1 001～2 000		

6 职工取暖补贴费费率取值参数编码见表 6.4.2-6。

表 6.4.2-6 职工取暖补贴费费率取值参数编码

取值参数编码	取暖补贴费取值参数名	取值参数编码	取暖补贴费取值参数名
0	不计	4	冬三区
1	准二区	5	冬四区
2	冬一区	6	冬五区
3	冬二区	7	冬六区

7 其他费率取值参数编码见表 6.4.2-7。

表 6.4.2-7 其他费率取值参数编码

费率类别名称	取值参数编码或值
夜间施工增加费费率	0 表示不计，1 表示计
沿海地区施工增加费费率	0 表示不计，1 表示计
施工辅助费费率	0 表示不计，1 表示计
工地转移费费率	参数值为工地转移距离（km）
养老保险费费率	参数值为具体费率值（%）
失业保险费费率	参数值为具体费率值（%）
医疗保险费费率	参数值为具体费率值（%）
住房公积金费率	参数值为具体费率值（%）
工伤保险费费率	参数值为具体费率值（%）
辅助生产间接费率	参数值为具体费率值（%）
基本费用费率	0 表示不计，1 表示计
主副食运费补贴费率	参数值为主副食运距综合里程（km）
职工探亲路费费率	0 表示不计，1 表示计
财务费用费率	0 表示不计，1 表示计
利润率	参数值为具体利润率值（%）
税率	参数值为具体税率值（%）

条文说明

3 若为历史造价数据，在使用本标准时，增加高原地区施工增加费费率取值参数编码见表6-5。

表 6-5 增加高原地区施工增加费费率取值参数编码

取值参数编码	高原地区施工取值参数名
8	1 501～2 000

7 若为历史造价数据，在使用本标准时，增加其他费率取值参数编码见表6-6。

表 6-6 增加其他费率取值参数编码

费率类别名称	取值参数编码或值
临时设施费费率	0 表示不计，1 表示计
施工标准化与措施费费率	0 表示不计，1 表示计

6.5 工料机编码

6.5.1 工料机编码由三级共七位数字编码构成，本标准直接采用《公路工程预算定额》（JTG/T 3832—2018）附录四及《公路工程机械台班费用定额》（JTG/T 3833—2018）中的编码。其中一级类别采用两位数字编码，区间为10～99；二级类别采用两位数字编码，区间为01～99，部颁标准优先分配奇数，各省级交通运输主管部门需要增补时按特征属性相近原则，以偶数补充分配；三级类别采用三位数字编码，区间为001～999。工料机编码见表6.5.1。

表 6.5.1 工料机分级及编码

层 级	一 级	二 级	三 级
位 数	2 位	2 位	3 位
编码范围	10～99	01～99	001～999

条文说明

（1）工料机编码组成示例如图6-1所示。

图 6-1 HPB300 钢筋的编码组成示意图

（2）若为历史造价数据，在使用本标准时，工料机编码采用《公路工程预算定额》（JTG/T B06-02—2007）附录四及《公路工程机械台班费用定额》（JTG/T B06-

03—2007）中的编码。

6.5.2 工料机分类及编码（一级+二级）见表6.5.2。

表6.5.2 工料机分类及编码（一级+二级）

编码	类别名称	编码	类别名称
10	人工	4013	草本植物
1001	人工	4015	藤本植物
1051	机械工	4017	水生植物
15	配比材料、路面混合料及制（成）品	4019	其他植物
1501	浆、砂浆类配合比材料	50	化工原料及制品
1503	水泥混凝土配合比材料	5001	塑料、橡胶及制品
1505	沥青混凝土及混合料	5003	化工剂类
1507	路面稳定土	5005	火工材料
1509	浆、砂浆类配合比材料（商）	5007	土工材料
1511	水泥混凝土配合比材料（商）	5009	其他化工原料及制品
1513	沥青混凝土及混合料（商）	55	矿土料及制品
1515	路面稳定土（商）	5501	土及混合土料
1517	制（成）品	5503	粉、砂料
20	金属及其制品	5505	石料
2001	钢丝、线材及其制品	5507	砖瓦等贴材
2003	钢材及制品	5509	水泥
2005	不锈钢材	5511	混凝土预制件
2007	其他金属材	5513	其他
2009	五金制品	60	专有名称材料
30	基础能源材及基础制品	6001	支座
3001	沥青	6003	伸缩缝
3003	燃油	6005	锚具
3005	水、电、煤、气	6007	安全设施
40	种植材及制品	6009	其他公路专用材料
4001	草材	70	机电材料及配件
4003	木材	7001	电线电缆
4005	竹材	7003	光缆
4007	其他种植材	7005	其他材料及配件
4009	乔木	75	机电设备
4011	灌木	7501	收费设备

续表 6.5.2

编码	类别名称	编码	类别名称
7503	通信设备	80	工程机械
7505	监控设备	8001	土、石方工程机械
7507	通风消防设备	8003	路面工程机械
7509	供配电照明设备	8005	混凝土及灰浆机械
7511	防雷接地系统	8007	水平运输机械
7513	备品备件及专用工具、测试设备	8009	起重及垂直运输机械
7515	试验检测设备	8011	打桩、钻孔机械
7517	软件	8013	泵类机械
7519	其他	8015	金属、木、石料加工机械
77	养护管理设备	8017	动力机械
7701	养护管理设备	8019	工程船舶
78	其他材料费	8021	工程检测仪器仪表
7801	其他材料费	8023	通风机
79	设备摊销费及其他	8025	其他机械
7901	设备摊销费	8099	小型机具使用费
7903	线路折旧费	99	基价
7905	材料总质量	9999	基价

6.6 施工机械费用组成明细编码

6.6.1 施工机械不变费用明细编码见表 6.6.1。

表 6.6.1 施工机械不变费用明细编码

编码	不变费用明细名称	编码	不变费用明细名称
0	折旧费	2	维护费
1	检修费	3	安拆辅助费

条文说明

若为历史造价数据，在使用本标准时，完善施工机械不变费用明细编码见表 6-7。

表 6-7 完善后的施工机械不变费用明细编码

编码	不变费用明细名称	备注
0	折旧费	
1	大修理费	采用 JTG 3830—2018 "检修费" 对应编码
2	经常修理费	采用 JTG 3830—2018 "维护费" 对应编码
3	安装拆卸及辅助设施费	采用 JTG 3830—2018 "安拆辅助费" 对应编码

6.6.2 施工机械可变费用消耗明细编码见表6.6.2。

表6.6.2 施工机械可变费用消耗明细编码

编码	可变费用消耗明细名称	编码	可变费用消耗明细名称
1051001	机械工	3005002	电
3003002	汽油	3005004	水
3003001	重油	4003007	木柴
3003003	柴油	3005005	液化气
3005001	煤	8099100	车船税

6.7 定额子目编码

6.7.1 《公路工程估算指标》(JTG/T 3821—2018)、《公路工程概算定额》(JTG/T 3831—2018)、《公路工程预算定额》(JTG/T 3832—2018)等定额子目编码按定额顺序，采用"章-(节)-表-子目"的编码规则，其中"节"依据定额、指标的具体情况进行编码，若无则可省略。

条文说明

定额子目编码示例：

(1) 概算定额"1-1-1-1"指：第一章"路基工程"-第一节"路基土、石方工程"-第一张表"伐树、挖根、除草、清除表土"-第一条定额子目"伐树及挖根(直径10cm以上)"。

(2) 估算指标"1-1-1"指：第一章"路基工程"-第一张表"挖、装土方"-第一条定额子目"挖、装土方"子目。

6.8 要素费用项目(清单)编码

6.8.1 估算、概算、预算要素费用项目编码采用部(1位数)、项(2位数)、目(2位数)、节(2位数)、细目(2位数)组成，以部、项、目、节、细目等依次逐层展开，并将路基、路面、涵洞、桥梁、隧道、安全设施、绿化及环境保护工程模块化，使用时可直接引用相应模块。本标准使用时直接引用《公路工程建设项目投资估算编制办法》(JTG 3820—2018)附录B投资估算项目表和《公路工程建设项目概算预算编制办法》(JTG 3830—2018)附录B概算预算项目表中的分项编码、名称、单位等信息。

条文说明

若为历史造价数据，在使用本标准时，项、目、节、细目采用数字编码，项、目、节、细目间采用"-"相连。

6.8.2 估算、概算、预算要素费用项目模块编码见表6.8.2。

表6.8.2 估算、概算、预算要素费用项目模块编码

模块编码前缀	模块名称
LJ	路基工程
LM	路面工程
HD	涵洞工程
QL	桥梁工程
SD	隧道工程
JA	交通安全设施
SJ	隧道机电工程
LH	绿化及环境保护工程

6.8.3 清单子目编码一级按章同号编码，如100章编码为100，其二级子目以自然数起点"1"开始编起，如"101 总则"；三级及以下类以"-"分开，以自然数起点"1"开始编起，如"102-1 竣工文件"，以此类推。本标准使用的编码直接引用《公路工程标准施工招标文件》（2018年版）5.1工程量清单表中的清单子目号及对应的名称、单位。

6.9 定额（指标）调整标准编码

6.9.1 在编制估算、概算、预算时，使用的定额（指标）项目中若按规定进行定额调整，则应在对应定额（指标）的属性中记录定额调整信息。定额调整状态记录格式应符合下列要求：

1 消耗调整

1）工料机消耗调整："［工料机代号］'原来消耗量'量'调整后消耗量'"，表示定额中指定工料机的消耗量的调整变化，如"［1001001］189.5量208.4"，表示代号为1001001的工料机消耗由189.5调整为208.4。

2）定额乘系数："定额×系数"或"工×系数 料×系数 机×系数"，表示定额子目中的所有消耗统一乘以系数或是人工、材料、机械中的一个或几个乘以相应的系数。

3）工料机抽换："［原工料机代号］'原来消耗量'换［抽换后工料机代号］'调整后消耗量'"，如"［2001001］0.89换［2001002］1.025"，表示代号为2001001的HPB300钢筋抽换为代号2001002的HRB400钢筋，消耗由0.89调整为1.025。

2 定额组合

1）路面类定额组合："定额编码+序号×数字 压机×系数（如有）"，表示一条主

定额合并增加对应序号多少倍的辅助定额，并且压机乘以系数（如有）。如"2-1-7-5 厂拌厚25cm水泥碎石（5%）"定额的调整状态显示为"2-1-7-5 +6×5 压机×2.0"，表示该条定额厚度调整为25cm，定额消耗量由 2-1-7-5 消耗量加上 2-1-7-6 定额的消耗量乘以 5 的工料机合计，压机乘 2 的系数（拖拉机、平地机、摊铺机和压路机的台班消耗按定额数量加倍计算，每 1 000m² 增加 1.5 个工日）。

2）其他类定额组合："1-1-11-5 10t 以内自卸汽车运土 8km"定额的调整状态为"1-1-11-5 +6×14"，表示运距调整为 8km，定额消耗量由 1-1-11-5 消耗量加上 1-1-11-6 定额的消耗量乘以 14 后的工料机合计。

3 配合比调整

1）砂浆、混凝土调整：

（1）砂浆调整："［原砂浆代号］换［抽换后砂浆代号］"，如"［1501001］换［1501002］"，表示代号为 1501001 的 M5 水泥砂浆调整为代号 1501002 的 M7.5 水泥砂浆。

（2）混凝土调整：［原混凝土代号］换［抽换后混凝土代号］，如"［1503007］换［1503009］"，表示代号为 1503007 的 C20-32.5-2 普通混凝土调整为代号 1503009 的 C30-32.5-2 普通混凝土。

2）路面稳定土调整："配比［材料代号1：材料代号2］=［数字1：数字2］"，表示定额中材料配比的变化结果，如"厂拌厚 20cm 水泥碎石（4%）"定额调整状态显示为"配比［5505016：5509001］=［96：4］"，表示配比调整为 4%。

3）油石比调整："配比［材料代号］=数字"，表示对应材料代号的材料含量，如定额调整状态显示为"配比［3001001］=5.45"，表示油石比调整为 5.45%。

4 其他类别的定额调整

各定额的章节说明规定的一些常见调整，如隧道内用隧道外定额、设计桩径与定额桩径不一致等，可按照本标准第 6.9.1 条第 1 款进行组合表示，如隧道内用隧道外定额可表示为"工×系数 机×系数"，设计桩径与定额桩径不一致可表示为"定额×系数"。

6.10 造价指标编码

6.10.1 造价指标及对应编码见表 6.10.1。

表 6.10.1 造价指标及对应编码

指标编码	指标名称	单位
JBSX	基本属性	
JBSX1	工程所在地	
JBSX2	地形类别	
JBSX3	新建/改扩建	
JBSX4	公路技术等级	

续表6.10.1

指 标 编 码	指 标 名 称	单 位
JBSX5	设计速度	km/h
JBSX6	路面结构	
JBSX7	路基宽度	m
JBSX8	路线长度	公路公里
JBSX9	桥梁长度	km
JBSX10	隧道长度	km
JBSX11	桥隧比例	%
JBSX12	互通式立体交叉数量	
JBSX12-1	互通式立体交叉数量	km
JBSX12-2	互通式立体交叉数量	处
JBSX13	支线、联络线长度	km
JBSX14	辅道、连接线长度	km
GCSL	工程数量信息	
GCSL1	路基挖方	
GCSL1-1	总数量	$1\,000 m^3$
GCSL1-2	数量指标	$1\,000 m^3/km$
GCSL2	路基填方	
GCSL2-1	总数量	$1\,000 m^3$
GCSL2-2	数量指标	$1\,000 m^3/km$
GCSL3	排水圬工	
GCSL3-1	总数量	$1\,000 m^3$
GCSL3-2	数量指标	$1\,000 m^3/km$
GCSL4	防护圬工	
GCSL4-1	总数量	$1\,000 m^3$
GCSL4-2	数量指标	$1\,000 m^3/km$
GCSL5	特殊路基	
GCSL5-1	总数量	km
GCSL5-2	数量指标	km/km
GCSL6	沥青混凝土路面	
GCSL6-1	总数量	$1\,000 m^2$
GCSL6-2	数量指标	$1\,000 m^2/km$
GCSL7	水泥混凝土路面	
GCSL7-1	总数量	$1\,000 m^2$
GCSL7-2	数量指标	$1\,000 m^2/km$

续表6.10.1

指标编码	指标名称	单位
GCSL8	涵洞	
GCSL8-1	总数量	m
GCSL8-2	数量指标	m/km
GCSL9	小桥	
GCSL9-1	总数量	m
GCSL9-2	数量指标	m/km
GCSL10	中桥	
GCSL10-1	总数量	m
GCSL10-2	数量指标	m/km
GCSL11	大桥	
GCSL11-1	总数量	m
GCSL11-2	数量指标	m/km
GCSL12	特大桥	
GCSL12-1	总数量	m
GCSL12-2	数量指标	m/km
GCSL13	连拱隧道	
GCSL13-1	总数量	m
GCSL13-2	数量指标	m/km
GCSL14	小净距隧道	
GCSL14-1	总数量	m
GCSL14-2	数量指标	m/km
GCSL15	分离式隧道	
GCSL15-1	总数量	m
GCSL15-2	数量指标	m/km
GCSL16	通道	
GCSL16-1	总数量	m
GCSL16-2	数量指标	m/km
GCSL17	分离式立体交叉	
GCSL17-1	总数量	m
GCSL17-2	数量指标	m/km
GCSL18	互通式立体交叉	
GCSL18-1	总数量	m
GCSL18-2	数量指标	m/km
GCSL19	管理养护服务房屋	

续表 6.10.1

指标编码	指标名称	单位
GCSL19-1	总数量	m^2
GCSL19-2	数量指标	m^2/km
GCSL20	联络线、支线工程	
GCSL20-1	总数量	km
GCSL20-2	数量指标	km/km
GCSL21	连接线工程	
GCSL21-1	总数量	km
GCSL21-2	数量指标	km/km
GCSL22	辅道工程	
GCSL22-1	总数量	km
GCSL22-2	数量指标	km/km
GCSL23	永久征地	
GCSL23-1	总数量	亩
GCSL23-2	数量指标	亩/km
GCSL24	临时征地	
GCSL24-1	总数量	亩
GCSL24-2	数量指标	亩/km
ZJZB	项目造价指标	
ZJZB1	建筑安装工程费	
ZJZB1-1	总金额	万元
ZJZB1-2	造价指标	万元/km
ZJZB1-3	占总造价比例	%
ZJZB101	临时工程	
ZJZB101-1	总金额	万元
ZJZB101-2	造价指标	万元/km
ZJZB101-3	占总造价比例	%
ZJZB102	路基工程	
ZJZB102-1	总金额	万元
ZJZB102-2	造价指标	万元/km
ZJZB102-3	占总造价比例	%
ZJZB103	路面工程	
ZJZB103-1	总金额	万元
ZJZB103-2	造价指标	万元/km
ZJZB103-3	占总造价比例	%

续表 6.10.1

指标编码	指标名称	单位
ZJZB104	桥梁工程	
ZJZB104-1	总金额	万元
ZJZB104-2	造价指标	万元/km
ZJZB104-3	占总造价比例	%
ZJZB105	隧道工程	
ZJZB105-1	总金额	万元
ZJZB105-2	造价指标	万元/km
ZJZB105-3	占总造价比例	%
ZJZB106	交叉工程	
ZJZB106-1	总金额	万元
ZJZB106-2	造价指标	万元/km
ZJZB106-3	占总造价比例	%
ZJZB107	交通工程	
ZJZB107-1	总金额	万元
ZJZB107-2	造价指标	万元/km
ZJZB107-3	占总造价比例	%
ZJZB108	绿化及环境保护工程	
ZJZB108-1	总金额	万元
ZJZB108-2	造价指标	万元/km
ZJZB108-3	占总造价比例	%
ZJZB109	其他工程	
ZJZB109-1	总金额	万元
ZJZB109-2	造价指标	万元/km
ZJZB109-3	占总造价比例	%
ZJZB110	专项费用	
ZJZB110-1	总金额	万元
ZJZB110-2	造价指标	万元/km
ZJZB110-3	占总造价比例	%
ZJZB2	土地使用及拆迁补偿费	
ZJZB2-1	总金额	万元
ZJZB2-2	造价指标	万元/km
ZJZB2-3	占总造价比例	%
ZJZB3	工程建设其他费	
ZJZB3-1	总金额	万元

续表 6.10.1

指标编码	指标名称	单 位
ZJZB3-2	造价指标	万元/km
ZJZB3-3	占总造价比例	%
ZJZB4	预备费	
ZJZB4-1	总金额	万元
ZJZB4-2	造价指标	万元/km
ZJZB4-3	占总造价比例	%
ZJZB5	建设期贷款利息	
ZJZB5-1	总金额	万元
ZJZB5-2	造价指标	万元/km
ZJZB5-3	占总造价比例	%
ZJZB6	公路基本造价	
ZJZB6-1	总金额	万元
ZJZB6-2	造价指标	万元/km
ZJZB6-3	占总造价比例	%
FXZB	分项造价指标	
FXZB1	路基挖方	元/m³
FXZB2	路基填方	元/m³
FXZB3	排水圬工	元/m³
FXZB4	防护圬工	元/m³
FXZB5	特殊路基	元/km
FXZB6	沥青混凝土路面	元/m²
FXZB7	水泥混凝土路面	元/m²
FXZB8	涵洞	元/m
FXZB9	预制空心板桥	元/m²
FXZB10	预制小箱梁桥	元/m²
FXZB11	预制 T 梁桥	元/m²
FXZB12	现浇箱梁桥	元/m²
FXZB13	特大桥	元/m²
FXZB14	连拱隧道	元/m
FXZB15	小净距隧道	元/m
FXZB16	分离式隧道	元/m
FXZB17	通道	元/m
FXZB18	分离式立体交叉	元/处
FXZB19	互通式立体交叉	元/处

续表6.10.1

指标编码	指标名称	单位
FXZB20	交通安全设施	元/km
FXZB21	机电及设备安装工程	元/km
FXZB22	管理养护服务房屋	元/m²
FXZB23	联络线、支线工程	元/km
FXZB24	连接线工程	元/km
FXZB25	辅道工程	元/km
FXZB26	永久征地	元/亩
FXZB27	临时征地	元/亩
FXZB28	拆迁补偿	元/km
FXZB29	建设单位管理费	元/km
FXZB30	工程监理费	元/km
FXZB31	建设项目前期工作费	元/km
CL	主要材料单价信息	
CL1001001	人工	元/工日
CL2001002	HRB400钢筋	元/t
CL3001001	石油沥青	元/t
CL5503005	中（粗）砂	元/m³
CL5505016	碎石（4cm）	元/m³
CL5509002	42.5级水泥	元/t

6.11 费用构成明细编码及计算取值引用规则

6.11.1 费用构成明细编码及计算取值引用规则见表6.11.1。

表6.11.1 费用构成明细编码及计算取值引用规则

编码	费用构成明细名称	计算取值引用规则
RGF	人工费	{RGF}
CLF	材料费	{CLF}
SGJXSYF	施工机械使用费	{SGJXSYF}
ZJF	直接费	{ZJF}
DEZJF	定额直接费	{DEZJF}
SBGZF	设备购置费	{SBGZF}
DESBGZF	定额设备购置费	{DESBGZF}

续表 6.11.1

编　码	费用构成明细名称	计算取值引用规则
SBF	设备费	{SBF}
DESBF	定额设备费	{DESBF}
CSF	措施费	{CSF}
CSF I	措施费 I	{CSF I}
CSF II	措施费 II	{CSF II}
QYGLF	企业管理费	{QYGLF}
GF	规费	{GF}
LR	利润	{LR}
SJ	税金	{SJ}
ZXFY	专项费用	{ZXFY}
SGCDJSF	施工场地建设费	{SGCDJSF}
AQSCF	安全生产费	{AQSCF}
DEJAF I	定额建筑安装工程费 I	{DEJAF I}
DEJAF II	定额建筑安装工程费 II	{DEJAF II}
JAF	建筑安装工程费	{JAF}
ZGJHJ	暂估价合计	{ZGJHJ}

条文说明

若为历史造价数据在使用本标准时，增加费用构成明细编码及计算取值引用规则见表 6-8。

表 6-8　增加费用构成明细编码及计算取值引用规则

编　码	费用构成明细名称	计算取值引用规则
ZJGCF	直接工程费	{ZJGCF}
ZJF07	直接费	{ZJF07}
JJF	间接费	{JJF}
CSF	措施费（其他工程费）	{CSF}
CSF I	措施费 I（其他工程费 I）	{CSF I}
CSF II	措施费 II（其他工程费 II）	{CSF II}

6.12　累进办法计算公式规范

6.12.1　估算及概预算编制办法规定的采用累进办法计算的分项，其计算公式表达采用"{前缀-行政区划代码}"，见表 6.12.1。

表 6.12.1 累进办法计算公式规范

计 算 公 式	计算分项名称	备 注
{SBGZF-＊＊＊＊＊＊}	设备购置费	只用于建议书估算，计算设备购置费用
{SGCDJSF-＊＊＊＊＊＊}	施工场地建设费	计算施工场地建设费用
{JSDWYZGLF-＊＊＊＊＊＊}	建设单位（业主）管理费	计算建设单位（业主）管理费用
{JSXMXXHF-＊＊＊＊＊＊}	建设项目信息化费	计算建设项目信息化费用
{GCJLF-＊＊＊＊＊＊}	工程监理费	计算工程监理费用
{SJWJSCF-＊＊＊＊＊＊}	设计文件审查费	计算设计文件审查费用
{QQGZF-＊＊＊＊＊＊}	前期工作费	计算前期工作费用

附录 A　XML 架构（XML Schema）

A.0.1　造价依据数据 XML Schema

```
<?xml version="1.0" encoding="UTF-8" ?>
<xs:schema elementFormDefault="qualified" xmlns:xs="http://www.w3.org/2001/XMLSchema">
<xs:complexType name="BaseType">
<xs:annotation>
<xs:documentation>基类元素</xs:documentation>
</xs:annotation>
<xs:sequence>
<xs:element name="CustomData" maxOccurs="unbounded" minOccurs="0">
<xs:annotation>
<xs:documentation>自定义数据</xs:documentation>
</xs:annotation>
<xs:complexType>
<xs:attribute name="Id" type="xs:string" use="required">
<xs:annotation>
<xs:documentation>数据内部编码</xs:documentation>
</xs:annotation>
</xs:attribute>
<xs:attribute name="DataName" type="xs:string" use="required">
<xs:annotation>
<xs:documentation>数据名称</xs:documentation>
</xs:annotation>
</xs:attribute>
<xs:attribute name="DataValue" type="xs:string" use="required">
<xs:annotation>
<xs:documentation>数据值</xs:documentation>
</xs:annotation>
</xs:attribute>
<xs:attribute name="PId" type="xs:string" use="required">
<xs:annotation>
<xs:documentation>父结点 ID</xs:documentation>
</xs:annotation>
```

```xml
      </xs:attribute>
    </xs:complexType>
  </xs:element>
</xs:sequence>
<xs:attribute name="KeyId" type="xs:string" use="required">
  <xs:annotation>
    <xs:documentation>实体主键</xs:documentation>
  </xs:annotation>
</xs:attribute>
</xs:complexType>
<xs:complexType name="LibBase">
  <xs:annotation>
    <xs:documentation>造价依据基类</xs:documentation>
  </xs:annotation>
  <xs:complexContent>
    <xs:extension base="BaseType">
      <xs:attribute name="LibNo" type="xs:string" use="required">
        <xs:annotation>
          <xs:documentation>造价依据编码</xs:documentation>
        </xs:annotation>
      </xs:attribute>
      <xs:attribute name="LibName" type="xs:string" use="required">
        <xs:annotation>
          <xs:documentation>造价依据名称</xs:documentation>
        </xs:annotation>
      </xs:attribute>
      <xs:attribute name="ShortName" type="xs:string">
        <xs:annotation>
          <xs:documentation>造价依据简称</xs:documentation>
        </xs:annotation>
      </xs:attribute>
      <xs:attribute name="CheckCode" type="xs:string" use="required">
        <xs:annotation>
          <xs:documentation>校验码</xs:documentation>
        </xs:annotation>
      </xs:attribute>
```

```
<xs:attribute name="ReleaseDate" type="xs:dateTime" use="required">
<xs:annotation>
<xs:documentation>发布日期</xs:documentation>
</xs:annotation>
</xs:attribute>
<xs:attribute name="Name" type="xs:string" use="required">
<xs:annotation>
<xs:documentation>标准名称</xs:documentation>
</xs:annotation>
</xs:attribute>
<xs:attribute name="Version" type="xs:string" use="required">
<xs:annotation>
<xs:documentation>标准版本</xs:documentation>
</xs:annotation>
</xs:attribute>
<xs:attribute name="MakeDate" type="xs:dateTime" use="required">
<xs:annotation>
<xs:documentation>文件生成时间</xs:documentation>
</xs:annotation>
</xs:attribute>
</xs:extension>
</xs:complexContent>
</xs:complexType>
<xs:complexType name="PractBase">
<xs:annotation>
<xs:documentation>工料机库基类</xs:documentation>
</xs:annotation>
<xs:complexContent>
<xs:extension base="BaseType">
<xs:attribute name="Code" type="xs:string" use="required">
<xs:annotation>
<xs:documentation>工料机编码</xs:documentation>
</xs:annotation>
</xs:attribute>
<xs:attribute name="Uuid" type="xs:string" use="required">
<xs:annotation>
```

```
<xs:documentation>工料机唯一编码</xs:documentation>
</xs:annotation>
</xs:attribute>
<xs:attribute name="Name" type="xs:string" use="required">
<xs:annotation>
<xs:documentation>工料机名称</xs:documentation>
</xs:annotation>
</xs:attribute>
<xs:attribute name="Spec" type="xs:string" use="required">
<xs:annotation>
<xs:documentation>工料机规格</xs:documentation>
</xs:annotation>
</xs:attribute>
<xs:attribute name="Unit" type="xs:string" use="required">
<xs:annotation>
<xs:documentation>工料机单位</xs:documentation>
</xs:annotation>
</xs:attribute>
<xs:attribute name="NormPrice" type="xs:double">
<xs:annotation>
<xs:documentation>工料机基价</xs:documentation>
</xs:annotation>
</xs:attribute>
</xs:extension>
</xs:complexContent>
</xs:complexType>
<xs:complexType name="DirectoryBase">
<xs:annotation>
<xs:documentation>定额章节表基类</xs:documentation>
</xs:annotation>
<xs:complexContent>
<xs:extension base="BaseType">
<xs:sequence>
<xs:element name="Item" maxOccurs="unbounded" minOccurs="0">
<xs:annotation>
<xs:documentation>定额子目</xs:documentation>
```

```xml
</xs:annotation>
<xs:complexType>
<xs:complexContent>
<xs:extension base="BaseType">
<xs:sequence>
<xs:element name="Consume" maxOccurs="unbounded" minOccurs="0">
<xs:annotation>
<xs:documentation>定额消耗</xs:documentation>
</xs:annotation>
<xs:complexType>
<xs:complexContent>
<xs:extension base="BaseType">
<xs:attribute name="Code" type="xs:string" use="required">
<xs:annotation>
<xs:documentation>工料机编码</xs:documentation>
</xs:annotation>
</xs:attribute>
<xs:attribute name="Consumption" type="xs:double" use="required">
<xs:annotation>
<xs:documentation>工料机消耗量</xs:documentation>
</xs:annotation>
</xs:attribute>
</xs:extension>
</xs:complexContent>
</xs:complexType>
</xs:element>
</xs:sequence>
<xs:attribute name="Code" type="xs:string" use="required">
<xs:annotation>
<xs:documentation>定额子目编码</xs:documentation>
</xs:annotation>
</xs:attribute>
<xs:attribute name="Uuid" type="xs:string" use="required">
<xs:annotation>
<xs:documentation>定额子目唯一编码</xs:documentation>
</xs:annotation>
```

```xml
</xs:attribute>
<xs:attribute name="Name" type="xs:string" use="required">
<xs:annotation>
<xs:documentation>定额子目名称</xs:documentation>
</xs:annotation>
</xs:attribute>
<xs:attribute name="Unit" type="xs:string" use="required">
<xs:annotation>
<xs:documentation>定额子目单位</xs:documentation>
</xs:annotation>
</xs:attribute>
<xs:attribute name="Price" type="xs:double" use="required">
<xs:annotation>
<xs:documentation>定额子目基价</xs:documentation>
</xs:annotation>
</xs:attribute>
</xs:extension>
</xs:complexContent>
</xs:complexType>
</xs:element>
<xs:sequence>
<xs:element name="Directorys" maxOccurs="unbounded" minOccurs="0" type="DirectoryBase">
<xs:annotation>
<xs:documentation>定额章节表</xs:documentation>
</xs:annotation>
</xs:element>
</xs:sequence>
</xs:sequence>
<xs:attribute name="Code" type="xs:string" use="required">
<xs:annotation>
<xs:documentation>章节表编码</xs:documentation>
</xs:annotation>
</xs:attribute>
<xs:attribute name="Name" type="xs:string" use="required">
<xs:annotation>
<xs:documentation>章节表名称</xs:documentation>
```

```
</xs:annotation>
</xs:attribute>
<xs:attribute name="Content" type="xs:string">
<xs:annotation>
<xs:documentation>章节说明及工程内容</xs:documentation>
</xs:annotation>
</xs:attribute>
<xs:attribute name="Remarks" type="xs:string">
<xs:annotation>
<xs:documentation>备注</xs:documentation>
</xs:annotation>
</xs:attribute>
</xs:extension>
</xs:complexContent>
</xs:complexType>
<xs:complexType name="StandardItemsBase">
<xs:annotation>
<xs:documentation>要素费用项目(清单)表</xs:documentation>
</xs:annotation>
<xs:complexContent>
<xs:extension base="BaseType">
<xs:sequence>
<xs:element name="StandardItems" type="StandardItemsBase">
<xs:annotation>
<xs:documentation>要素费用项目(清单)表</xs:documentation>
</xs:annotation>
</xs:element>
</xs:sequence>
<xs:attribute name="ItemCode" type="xs:string" use="required">
<xs:annotation>
<xs:documentation>要素费用项目(清单)编码</xs:documentation>
</xs:annotation>
</xs:attribute>
<xs:attribute name="ItemName" type="xs:string" use="required">
<xs:annotation>
<xs:documentation>要素费用项目(清单)名称</xs:documentation>
```

```
</xs:annotation>
</xs:attribute>
<xs:attribute name="Unit" type="xs:string" use="required">
<xs:annotation>
<xs:documentation>单位</xs:documentation>
</xs:annotation>
</xs:attribute>
<xs:attribute name="MeterRules" type="xs:string">
<xs:annotation>
<xs:documentation>计量规则</xs:documentation>
</xs:annotation>
</xs:attribute>
<xs:attribute name="Content" type="xs:string">
<xs:annotation>
<xs:documentation>工作内容</xs:documentation>
</xs:annotation>
</xs:attribute>
<xs:attribute name="Remarks" type="xs:string">
<xs:annotation>
<xs:documentation>备注</xs:documentation>
</xs:annotation>
</xs:attribute>
</xs:extension>
</xs:complexContent>
</xs:complexType>
<xs:element name="BasicFile">
<xs:annotation>
<xs:documentation>造价依据</xs:documentation>
</xs:annotation>
<xs:complexType>
<xs:complexContent>
<xs:extension base="BaseType">
<xs:sequence>
<xs:element name="NormFile" maxOccurs="1" minOccurs="0">
<xs:annotation>
<xs:documentation>定额资源</xs:documentation>
```

```xml
</xs:annotation>
<xs:complexType>
<xs:complexContent>
<xs:extension base="BaseType">
<xs:sequence>
<xs:element name="NormLib" maxOccurs="unbounded" minOccurs="1">
<xs:annotation>
<xs:documentation>定额库</xs:documentation>
</xs:annotation>
<xs:complexType>
<xs:complexContent>
<xs:extension base="LibBase">
<xs:annotation>
<xs:documentation>造价依据基类</xs:documentation>
</xs:annotation>
<xs:sequence>
<xs:element name="Directorys" maxOccurs="unbounded" minOccurs="1" type="DirectoryBase">
<xs:annotation>
<xs:documentation>定额章节表目录</xs:documentation>
</xs:annotation>
</xs:element>
</xs:sequence>
<xs:attribute name="PractlibNo" type="xs:string" use="required">
<xs:annotation>
<xs:documentation>造价依据编码（工料机）</xs:documentation>
</xs:annotation>
</xs:attribute>
</xs:extension>
</xs:complexContent>
</xs:complexType>
</xs:element>
<xs:element name="PractLib" maxOccurs="unbounded" minOccurs="0">
<xs:annotation>
<xs:documentation>工料机库</xs:documentation>
</xs:annotation>
<xs:complexType>
```

```xml
<xs:complexContent>
<xs:extension base="LibBase">
<xs:annotation>
<xs:documentation>造价依据基类</xs:documentation>
</xs:annotation>
<xs:sequence>
<xs:element name="Mps" maxOccurs="1" minOccurs="0">
<xs:annotation>
<xs:documentation>人工</xs:documentation>
</xs:annotation>
<xs:complexType>
<xs:complexContent>
<xs:extension base="BaseType">
<xs:sequence>
<xs:element name="Mp" maxOccurs="unbounded" minOccurs="0">
<xs:annotation>
<xs:documentation>人工明细</xs:documentation>
</xs:annotation>
<xs:complexType>
<xs:complexContent>
<xs:extension base="PractBase">
<xs:annotation>
<xs:documentation>工料(设备)机库基类</xs:documentation>
</xs:annotation>
</xs:extension>
</xs:complexContent>
</xs:complexType>
</xs:element>
</xs:sequence>
</xs:extension>
</xs:complexContent>
</xs:complexType>
</xs:element>
<xs:element name="Materials" maxOccurs="1" minOccurs="0">
<xs:annotation>
<xs:documentation>材料</xs:documentation>
```

```
</xs:annotation>
<xs:complexType>
<xs:complexContent>
<xs:extension base="BaseType">
<xs:sequence>
<xs:element name="Material" maxOccurs="unbounded" minOccurs="0">
<xs:annotation>
<xs:documentation>材料明细</xs:documentation>
</xs:annotation>
<xs:complexType>
<xs:complexContent>
<xs:extension base="PractBase">
<xs:annotation>
<xs:documentation>工料(设备)机库基类</xs:documentation>
</xs:annotation>
<xs:attribute name="GwRate" type="xs:double" use="required">
<xs:annotation>
<xs:documentation>单位毛重</xs:documentation>
</xs:annotation>
</xs:attribute>
<xs:attribute name="OffSiteLf" type="xs:double" use="required">
<xs:annotation>
<xs:documentation>场外运输损耗率</xs:documentation>
</xs:annotation>
</xs:attribute>
<xs:attribute name="OnSiteLf" type="xs:double" use="required">
<xs:annotation>
<xs:documentation>场内运输损耗率</xs:documentation>
</xs:annotation>
</xs:attribute>
<xs:attribute name="LoadLf" type="xs:double" use="required">
<xs:annotation>
<xs:documentation>每增加1次装卸损耗率</xs:documentation>
</xs:annotation>
</xs:attribute>
<xs:attribute name="StoreRate" type="xs:double" use="required">
```

```
<xs:annotation>
<xs:documentation>采购及保管费率</xs:documentation>
</xs:annotation>
</xs:attribute>
<xs:attribute name="PackageRecycleFee" type="xs:double" use="required">
<xs:annotation>
<xs:documentation>包装回收费</xs:documentation>
</xs:annotation>
</xs:attribute>
</xs:extension>
</xs:complexContent>
</xs:complexType>
</xs:element>
</xs:sequence>
</xs:extension>
</xs:complexContent>
</xs:complexType>
</xs:element>
<xs:element name="Mechs" maxOccurs="1" minOccurs="0">
<xs:annotation>
<xs:documentation>机械</xs:documentation>
</xs:annotation>
<xs:complexType>
<xs:complexContent>
<xs:extension base="BaseType">
<xs:sequence>
<xs:element name="Mech" maxOccurs="unbounded" minOccurs="0">
<xs:annotation>
<xs:documentation>机械台班定额</xs:documentation>
</xs:annotation>
<xs:complexType>
<xs:complexContent>
<xs:extension base="PractBase">
<xs:annotation>
<xs:documentation>工料(设备)机库基类</xs:documentation>
</xs:annotation>
```

```xml
<xs:sequence>
<xs:element name="FixedCost" maxOccurs="1" minOccurs="1">
<xs:annotation>
<xs:documentation>不变费用</xs:documentation>
</xs:annotation>
<xs:complexType>
<xs:complexContent>
<xs:extension base="BaseType">
<xs:sequence>
<xs:element name="FixedCostItem" maxOccurs="unbounded" minOccurs="1">
<xs:annotation>
<xs:documentation>不变费用明细</xs:documentation>
</xs:annotation>
<xs:complexType>
<xs:complexContent>
<xs:extension base="BaseType">
<xs:attribute name="FixedCostNo" type="xs:string" use="required">
<xs:annotation>
<xs:documentation>不变费用明细编码</xs:documentation>
</xs:annotation>
</xs:attribute>
<xs:attribute name="Sum" type="xs:double" use="required">
<xs:annotation>
<xs:documentation>金额</xs:documentation>
</xs:annotation>
</xs:attribute>
</xs:extension>
</xs:complexContent>
</xs:complexType>
</xs:element>
</xs:sequence>
</xs:extension>
</xs:complexContent>
</xs:complexType>
</xs:element>
<xs:element name="VariableCost" maxOccurs="1" minOccurs="1">
```

```
<xs:annotation>
<xs:documentation>可变费用</xs:documentation>
</xs:annotation>
<xs:complexType>
<xs:complexContent>
<xs:extension base="BaseType">
<xs:sequence>
<xs:element name="VariableCostItem" maxOccurs="unbounded" minOccurs="1">
<xs:annotation>
<xs:documentation>可变费用消耗明细</xs:documentation>
</xs:annotation>
<xs:complexType>
<xs:complexContent>
<xs:extension base="BaseType">
<xs:attribute name="VariableCostNo" type="xs:string" use="required">
<xs:annotation>
<xs:documentation>可变费用消耗明细编码</xs:documentation>
</xs:annotation>
</xs:attribute>
<xs:attribute name="Consumption" type="xs:double" use="required">
<xs:annotation>
<xs:documentation>消耗量</xs:documentation>
</xs:annotation>
</xs:attribute>
</xs:extension>
</xs:complexContent>
</xs:complexType>
</xs:element>
</xs:sequence>
</xs:extension>
</xs:complexContent>
</xs:complexType>
</xs:element>
</xs:sequence>
</xs:extension>
</xs:complexContent>
```

```
</xs:complexType>
</xs:element>
</xs:sequence>
</xs:extension>
</xs:complexContent>
</xs:complexType>
</xs:element>
</xs:sequence>
</xs:extension>
</xs:complexContent>
</xs:complexType>
</xs:element>
</xs:sequence>
</xs:extension>
</xs:complexContent>
</xs:complexType>
</xs:element>
<xs:element name="RateLib" maxOccurs="unbounded" minOccurs="0">
<xs:annotation>
<xs:documentation>费率标准库</xs:documentation>
</xs:annotation>
<xs:complexType>
<xs:complexContent>
<xs:extension base="LibBase">
<xs:annotation>
<xs:documentation>造价依据基类</xs:documentation>
</xs:annotation>
<xs:sequence>
<xs:element name="CostTypes" maxOccurs="1" minOccurs="1">
<xs:annotation>
<xs:documentation>工程类别</xs:documentation>
</xs:annotation>
<xs:complexType>
<xs:complexContent>
<xs:extension base="BaseType">
<xs:sequence>
```

```xml
<xs:element name="CostType" maxOccurs="unbounded" minOccurs="1">
<xs:annotation>
<xs:documentation>工程类别明细</xs:documentation>
</xs:annotation>
<xs:complexType>
<xs:complexContent>
<xs:extension base="BaseType">
<xs:attribute name="CostTypeNo" type="xs:string" use="required">
<xs:annotation>
<xs:documentation>工程类别编码</xs:documentation>
</xs:annotation>
</xs:attribute>
</xs:extension>
</xs:complexContent>
</xs:complexType>
</xs:element>
</xs:sequence>
</xs:extension>
</xs:complexContent>
</xs:complexType>
</xs:element>
<xs:element name="RateTypes" maxOccurs="1" minOccurs="1">
<xs:annotation>
<xs:documentation>费率类别</xs:documentation>
</xs:annotation>
<xs:complexType>
<xs:complexContent>
<xs:extension base="BaseType">
<xs:sequence>
<xs:element name="RateType" maxOccurs="unbounded" minOccurs="1">
<xs:annotation>
<xs:documentation>费率类别明细</xs:documentation>
</xs:annotation>
<xs:complexType>
<xs:complexContent>
<xs:extension base="BaseType">
```

```xml
<xs:attribute name="RateTypeNo" type="xs:string" use="required">
<xs:annotation>
<xs:documentation>费率类别编码</xs:documentation>
</xs:annotation>
</xs:attribute>
</xs:extension>
</xs:complexContent>
</xs:complexType>
</xs:element>
</xs:sequence>
</xs:extension>
</xs:complexContent>
</xs:complexType>
</xs:element>
<xs:element name="RateValues" maxOccurs="1" minOccurs="1">
<xs:annotation>
<xs:documentation>费率值</xs:documentation>
</xs:annotation>
<xs:complexType>
<xs:complexContent>
<xs:extension base="BaseType">
<xs:sequence>
<xs:element name="RateValue" maxOccurs="unbounded" minOccurs="1">
<xs:annotation>
<xs:documentation>费率值明细</xs:documentation>
</xs:annotation>
<xs:complexType>
<xs:complexContent>
<xs:extension base="BaseType">
<xs:attribute name="CostTypeNo" type="xs:string" use="required">
<xs:annotation>
<xs:documentation>工程类别编码</xs:documentation>
</xs:annotation>
</xs:attribute>
<xs:attribute name="RateTypeNo" type="xs:string" use="required">
<xs:annotation>
```

```
<xs:documentation>费率类别编码</xs:documentation>
</xs:annotation>
</xs:attribute>
<xs:attribute name="RateParamNo" type="xs:string" use="required">
<xs:annotation>
<xs:documentation>费率参数编码</xs:documentation>
</xs:annotation>
</xs:attribute>
<xs:attribute name="RateValue" type="xs:double" use="required">
<xs:annotation>
<xs:documentation>费率值</xs:documentation>
</xs:annotation>
</xs:attribute>
</xs:extension>
</xs:complexContent>
</xs:complexType>
</xs:element>
</xs:sequence>
</xs:extension>
</xs:complexContent>
</xs:complexType>
</xs:element>
</xs:sequence>
</xs:extension>
</xs:complexContent>
</xs:complexType>
</xs:element>
<xs:element name="ItemStandardLib" maxOccurs="unbounded" minOccurs="0">
<xs:annotation>
<xs:documentation>要素费用项目(清单)表库</xs:documentation>
</xs:annotation>
<xs:complexType>
<xs:complexContent>
<xs:extension base="LibBase">
<xs:annotation>
<xs:documentation>造价依据基类</xs:documentation>
</xs:annotation>
```

```
</xs:annotation>
<xs:sequence>
<xs:element name="StandardItems" type="StandardItemsBase">
<xs:annotation>
<xs:documentation>要素费用项目(清单)表</xs:documentation>
</xs:annotation>
</xs:element>
</xs:sequence>
</xs:extension>
</xs:complexContent>
</xs:complexType>
</xs:element>
<xs:element name="TaxLib" maxOccurs="unbounded" minOccurs="0">
<xs:annotation>
<xs:documentation>车船税费库</xs:documentation>
</xs:annotation>
<xs:complexType>
<xs:complexContent>
<xs:extension base="LibBase">
<xs:annotation>
<xs:documentation>造价依据基类</xs:documentation>
</xs:annotation>
<xs:sequence>
<xs:element name="TaxItem" maxOccurs="unbounded" minOccurs="1">
<xs:annotation>
<xs:documentation>车船税费明细</xs:documentation>
</xs:annotation>
<xs:complexType>
<xs:complexContent>
<xs:extension base="BaseType">
<xs:attribute name="Code" type="xs:string" use="required">
<xs:annotation>
<xs:documentation>工料机编码</xs:documentation>
</xs:annotation>
</xs:attribute>
<xs:attribute name="UseTax" type="xs:double">
```

```
<xs:annotation>
<xs:documentation>车船税[元/(t·年)]</xs:documentation>
</xs:annotation>
</xs:attribute>
<xs:attribute name="UseTaxTon" type="xs:double">
<xs:annotation>
<xs:documentation>车船税计量吨</xs:documentation>
</xs:annotation>
</xs:attribute>
<xs:attribute name="MonthPerYear" type="xs:double">
<xs:annotation>
<xs:documentation>年工作月</xs:documentation>
</xs:annotation>
</xs:attribute>
<xs:attribute name="DayPerYear" type="xs:double">
<xs:annotation>
<xs:documentation>年工作台班</xs:documentation>
</xs:annotation>
</xs:attribute>
<xs:attribute name="TaxAmount" type="xs:double" use="required">
<xs:annotation>
<xs:documentation>车船税合计</xs:documentation>
</xs:annotation>
</xs:attribute>
</xs:extension>
</xs:complexContent>
</xs:complexType>
</xs:element>
</xs:sequence>
<xs:attribute name="PractlibNo" type="xs:string" use="required">
<xs:annotation>
<xs:documentation>造价依据编码(工料机)</xs:documentation>
</xs:annotation>
</xs:attribute>
</xs:extension>
</xs:complexContent>
```

```xml
</xs:complexType>
</xs:element>
<xs:element name="PriceLib" maxOccurs="unbounded" minOccurs="0">
<xs:annotation>
<xs:documentation>价格信息</xs:documentation>
</xs:annotation>
<xs:complexType>
<xs:complexContent>
<xs:extension base="LibBase">
<xs:annotation>
<xs:documentation>造价依据基类</xs:documentation>
</xs:annotation>
<xs:sequence>
<xs:element name="Material" maxOccurs="unbounded" minOccurs="0">
<xs:annotation>
<xs:documentation>材料价格明细</xs:documentation>
</xs:annotation>
<xs:complexType>
<xs:complexContent>
<xs:extension base="BaseType">
<xs:attribute name="Code" type="xs:string" use="required">
<xs:annotation>
<xs:documentation>工料机编码</xs:documentation>
</xs:annotation>
</xs:attribute>
<xs:attribute name="TaxPrice" type="xs:double">
<xs:annotation>
<xs:documentation>原价（不含税）</xs:documentation>
</xs:annotation>
</xs:attribute>
<xs:attribute name="PriceType" type="xs:string" use="required">
<xs:annotation>
<xs:documentation>价格类型</xs:documentation>
</xs:annotation>
</xs:attribute>
<xs:attribute name="Remarks" type="xs:string">
```

```xml
<xs:annotation>
<xs:documentation>备注</xs:documentation>
</xs:annotation>
</xs:attribute>
</xs:extension>
</xs:complexContent>
</xs:complexType>
</xs:element>
</xs:sequence>
<xs:attribute name="PractlibNo" type="xs:string" use="required">
<xs:annotation>
<xs:documentation>造价依据编码（工料机）</xs:documentation>
</xs:annotation>
</xs:attribute>
</xs:extension>
</xs:complexContent>
</xs:complexType>
</xs:element>
<xs:element name="MpPriceLib" maxOccurs="unbounded" minOccurs="0">
<xs:annotation>
<xs:documentation>人工单价</xs:documentation>
</xs:annotation>
<xs:complexType>
<xs:complexContent>
<xs:extension base="LibBase">
<xs:annotation>
<xs:documentation>造价依据基类</xs:documentation>
</xs:annotation>
<xs:sequence>
<xs:element name="MpPrice">
<xs:annotation>
<xs:documentation>人工单价明细</xs:documentation>
</xs:annotation>
<xs:complexType>
<xs:complexContent>
<xs:extension base="BaseType">
```

```xml
<xs:attribute name="Code" type="xs:string" use="required">
<xs:annotation>
<xs:documentation>工料机编码</xs:documentation>
</xs:annotation>
</xs:attribute>
<xs:attribute name="Price" type="xs:double" use="required">
<xs:annotation>
<xs:documentation>价格</xs:documentation>
</xs:annotation>
</xs:attribute>
<xs:attribute name="Area" type="xs:string">
<xs:annotation>
<xs:documentation>地区描述</xs:documentation>
</xs:annotation>
</xs:attribute>
</xs:extension>
</xs:complexContent>
</xs:complexType>
</xs:element>
</xs:sequence>
<xs:attribute name="PractlibNo" type="xs:string" use="required">
<xs:annotation>
<xs:documentation>造价依据编码（工料机）</xs:documentation>
</xs:annotation>
</xs:attribute>
</xs:extension>
</xs:complexContent>
</xs:complexType>
</xs:element>
<xs:element name="FeeRateLib" maxOccurs="unbounded" minOccurs="0">
<xs:annotation>
<xs:documentation>规费费率</xs:documentation>
</xs:annotation>
<xs:complexType>
<xs:complexContent>
<xs:extension base="LibBase">
```

```
<xs:annotation>
<xs:documentation>造价依据基类</xs:documentation>
</xs:annotation>
<xs:sequence>
<xs:element name="FeeRates">
<xs:annotation>
<xs:documentation>规费费率明细</xs:documentation>
</xs:annotation>
<xs:complexType>
<xs:complexContent>
<xs:extension base="BaseType">
<xs:attribute name="Code" type="xs:string" use="required">
<xs:annotation>
<xs:documentation>费率类别编码（规费）</xs:documentation>
</xs:annotation>
</xs:attribute>
<xs:attribute name="Name" type="xs:string" use="required">
<xs:annotation>
<xs:documentation>费率类别名称（规费）</xs:documentation>
</xs:annotation>
</xs:attribute>
<xs:attribute name="value" type="xs:double" use="required">
<xs:annotation>
<xs:documentation>费率值</xs:documentation>
</xs:annotation>
</xs:attribute>
<xs:attribute name="Remarks" type="xs:string">
<xs:annotation>
<xs:documentation>备注</xs:documentation>
</xs:annotation>
</xs:attribute>
</xs:extension>
</xs:complexContent>
</xs:complexType>
</xs:element>
</xs:sequence>
```

```xml
</xs:extension>
</xs:complexContent>
</xs:complexType>
</xs:element>
<xs:element name="ProfitRateLib" maxOccurs="unbounded" minOccurs="0">
<xs:annotation>
<xs:documentation>利润率</xs:documentation>
</xs:annotation>
<xs:complexType>
<xs:complexContent>
<xs:extension base="LibBase">
<xs:annotation>
<xs:documentation>造价依据基类</xs:documentation>
</xs:annotation>
<xs:sequence>
<xs:element name="ProfitRates">
<xs:annotation>
<xs:documentation>利润率明细</xs:documentation>
</xs:annotation>
<xs:complexType>
<xs:complexContent>
<xs:extension base="BaseType">
<xs:attribute name="Code" type="xs:string" use="required">
<xs:annotation>
<xs:documentation>费率类别编码（利润率）</xs:documentation>
</xs:annotation>
</xs:attribute>
<xs:attribute name="value" type="xs:double" use="required">
<xs:annotation>
<xs:documentation>利润率</xs:documentation>
</xs:annotation>
</xs:attribute>
<xs:attribute name="Remarks" type="xs:string">
<xs:annotation>
<xs:documentation>备注</xs:documentation>
</xs:annotation>
```

```xml
</xs:attribute>
</xs:extension>
</xs:complexContent>
</xs:complexType>
</xs:element>
</xs:sequence>
</xs:extension>
</xs:complexContent>
</xs:complexType>
</xs:element>
<xs:element name="TaxRateLib" maxOccurs="unbounded" minOccurs="0">
<xs:annotation>
<xs:documentation>税率</xs:documentation>
</xs:annotation>
<xs:complexType>
<xs:complexContent>
<xs:extension base="LibBase">
<xs:annotation>
<xs:documentation>造价依据基类</xs:documentation>
</xs:annotation>
<xs:sequence>
<xs:element name="TaxRates">
<xs:annotation>
<xs:documentation>税率明细</xs:documentation>
</xs:annotation>
<xs:complexType>
<xs:complexContent>
<xs:extension base="BaseType">
<xs:attribute name="Code" type="xs:string" use="required">
<xs:annotation>
<xs:documentation>费率类别编码（税率）</xs:documentation>
</xs:annotation>
</xs:attribute>
<xs:attribute name="TaxValue" type="xs:double" use="required">
<xs:annotation>
<xs:documentation>税率值</xs:documentation>
```

```
</xs:annotation>
</xs:attribute>
<xs:attribute name="Remarks" type="xs:string">
<xs:annotation>
<xs:documentation>备注</xs:documentation>
</xs:annotation>
</xs:attribute>
</xs:extension>
</xs:complexContent>
</xs:complexType>
</xs:element>
</xs:sequence>
</xs:extension>
</xs:complexContent>
</xs:complexType>
</xs:element>
</xs:sequence>
</xs:extension>
</xs:complexContent>
</xs:complexType>
</xs:element>
</xs:schema>
```

A.0.2　估概预算（清单）造价成果数据 XML Schema

```
<?xml version="1.0" encoding="UTF-8"?>
<xs:schema elementFormDefault="qualified" xmlns:xs="http://www.w3.org/2001/XMLSchema">
<xs:complexType name="BaseType">
<xs:annotation>
<xs:documentation>基类元素</xs:documentation>
</xs:annotation>
<xs:sequence>
<xs:element name="CustomData" maxOccurs="unbounded" minOccurs="0">
<xs:annotation>
<xs:documentation>自定义数据</xs:documentation>
</xs:annotation>
<xs:complexType>
```

```xml
<xs:attribute name="Id" type="xs:string" use="required">
<xs:annotation>
<xs:documentation>数据内部编码</xs:documentation>
</xs:annotation>
</xs:attribute>
<xs:attribute name="DataName" type="xs:string" use="required">
<xs:annotation>
<xs:documentation>数据名称</xs:documentation>
</xs:annotation>
</xs:attribute>
<xs:attribute name="DataValue" type="xs:string" use="required">
<xs:annotation>
<xs:documentation>数据值</xs:documentation>
</xs:annotation>
</xs:attribute>
<xs:attribute name="PId" type="xs:string" use="required">
<xs:annotation>
<xs:documentation>父结点ID</xs:documentation>
</xs:annotation>
</xs:attribute>
</xs:complexType>
</xs:element>
</xs:sequence>
<xs:attribute name="KeyId" type="xs:string" use="required">
<xs:annotation>
<xs:documentation>实体主键</xs:documentation>
</xs:annotation>
</xs:attribute>
</xs:complexType>
<xs:complexType name="PractBase">
<xs:annotation>
<xs:documentation>工料机单价文件基类</xs:documentation>
</xs:annotation>
<xs:complexContent>
<xs:extension base="BaseType">
<xs:attribute name="Code" type="xs:string" use="required">
```

```
<xs:annotation>
<xs:documentation>工料机编码</xs:documentation>
</xs:annotation>
</xs:attribute>
<xs:attribute name="PractName" type="xs:string" use="required">
<xs:annotation>
<xs:documentation>工料机名称</xs:documentation>
</xs:annotation>
</xs:attribute>
<xs:attribute name="Spec" type="xs:string" use="required">
<xs:annotation>
<xs:documentation>工料机规格</xs:documentation>
</xs:annotation>
</xs:attribute>
<xs:attribute name="Unit" type="xs:string" use="required">
<xs:annotation>
<xs:documentation>工料机单位</xs:documentation>
</xs:annotation>
</xs:attribute>
<xs:attribute name="BudgetPrice" type="xs:double" use="required">
<xs:annotation>
<xs:documentation>预算单价</xs:documentation>
</xs:annotation>
</xs:attribute>
<xs:attribute name="NormPrice" type="xs:double" use="required">
<xs:annotation>
<xs:documentation>工料机基价</xs:documentation>
</xs:annotation>
</xs:attribute>
<xs:attribute name="IsAdd" type="xs:integer" use="required">
<xs:annotation>
<xs:documentation>补充工料机</xs:documentation>
</xs:annotation>
</xs:attribute>
</xs:extension>
</xs:complexContent>
```

```xml
</xs:complexType>
<xs:complexType name="ItemBase">
<xs:annotation>
<xs:documentation>要素项目（清单）表基类</xs:documentation>
</xs:annotation>
<xs:complexContent>
<xs:extension base="BaseType">
<xs:sequence>
<xs:element name="CostComposition" maxOccurs="unbounded" minOccurs="0">
<xs:annotation>
<xs:documentation>要素项目（清单）组价</xs:documentation>
</xs:annotation>
<xs:complexType>
<xs:complexContent>
<xs:extension base="BaseType">
<xs:sequence>
<xs:element name="Formula" maxOccurs="1" minOccurs="0">
<xs:annotation>
<xs:documentation>算式列表</xs:documentation>
</xs:annotation>
<xs:complexType>
<xs:complexContent>
<xs:extension base="BaseType">
<xs:attribute name="Name" type="xs:string" use="required">
<xs:annotation>
<xs:documentation>名称/描述</xs:documentation>
</xs:annotation>
</xs:attribute>
<xs:attribute name="Formulas" type="xs:string" use="required">
<xs:annotation>
<xs:documentation>计算式</xs:documentation>
</xs:annotation>
</xs:attribute>
<xs:attribute name="Ratio" type="xs:double">
<xs:annotation>
<xs:documentation>系数</xs:documentation>
```

```
</xs:annotation>
</xs:attribute>
<xs:attribute name="Sum" type="xs:double" use="required">
<xs:annotation>
<xs:documentation>金额</xs:documentation>
</xs:annotation>
</xs:attribute>
<xs:attribute name="Remarks" type="xs:string">
<xs:annotation>
<xs:documentation>备注</xs:documentation>
</xs:annotation>
</xs:attribute>
</xs:extension>
</xs:complexContent>
</xs:complexType>
</xs:element>
<xs:element name="Cost" maxOccurs="unbounded" minOccurs="0">
<xs:annotation>
<xs:documentation>费用列表</xs:documentation>
</xs:annotation>
<xs:complexType>
<xs:complexContent>
<xs:extension base="BaseType">
<xs:sequence>
<xs:annotation>
<xs:documentation>费用构成明细</xs:documentation>
</xs:annotation>
<xs:element name="CostStructure" maxOccurs="1" minOccurs="1">
<xs:annotation>
<xs:documentation>费用构成明细</xs:documentation>
</xs:annotation>
<xs:complexType>
<xs:complexContent>
<xs:extension base="BaseType">
<xs:sequence>
<xs:element name="CostItem" maxOccurs="unbounded" minOccurs="1">
```

```
<xs:annotation>
<xs:documentation>费用明细</xs:documentation>
</xs:annotation>
<xs:complexType>
<xs:complexContent>
<xs:extension base="BaseType">
<xs:attribute name="ItemNo" type="xs:string" use="required">
<xs:annotation>
<xs:documentation>费用明细编码</xs:documentation>
</xs:annotation>
</xs:attribute>
<xs:attribute name="Sum" type="xs:double" use="required">
<xs:annotation>
<xs:documentation>明细金额</xs:documentation>
</xs:annotation>
</xs:attribute>
</xs:extension>
</xs:complexContent>
</xs:complexType>
</xs:element>
</xs:sequence>
</xs:extension>
</xs:complexContent>
</xs:complexType>
</xs:element>
</xs:sequence>
<xs:attribute name="Code" type="xs:string" use="required">
<xs:annotation>
<xs:documentation>编码</xs:documentation>
</xs:annotation>
</xs:attribute>
<xs:attribute name="Name" type="xs:string" use="required">
<xs:annotation>
<xs:documentation>名称/描述</xs:documentation>
</xs:annotation>
</xs:attribute>
```

```xml
<xs:attribute name="Spec" type="xs:string" use="required">
<xs:annotation>
<xs:documentation>规格</xs:documentation>
</xs:annotation>
</xs:attribute>
<xs:attribute name="Unit" type="xs:string" use="required">
<xs:annotation>
<xs:documentation>单位</xs:documentation>
</xs:annotation>
</xs:attribute>
<xs:attribute name="Num" type="xs:double" use="required">
<xs:annotation>
<xs:documentation>数量</xs:documentation>
</xs:annotation>
</xs:attribute>
<xs:attribute name="BasePrice" type="xs:double" use="required">
<xs:annotation>
<xs:documentation>基价</xs:documentation>
</xs:annotation>
</xs:attribute>
<xs:attribute name="Price" type="xs:double" use="required">
<xs:annotation>
<xs:documentation>单价</xs:documentation>
</xs:annotation>
</xs:attribute>
<xs:attribute name="IsEquipment" type="xs:integer" use="required">
<xs:annotation>
<xs:documentation>是否设备：0=否；1=是；</xs:documentation>
</xs:annotation>
</xs:attribute>
<xs:attribute name="CostTypeNo" type="xs:string" use="required">
<xs:annotation>
<xs:documentation>工程类别编码</xs:documentation>
</xs:annotation>
</xs:attribute>
<xs:attribute name="ProfitRate" type="xs:double" use="required">
```

```xml
<xs:annotation>
<xs:documentation>利润率</xs:documentation>
</xs:annotation>
</xs:attribute>
<xs:attribute name="TaxRate" type="xs:double" use="required">
<xs:annotation>
<xs:documentation>税率</xs:documentation>
</xs:annotation>
</xs:attribute>
<xs:attribute name="MpRatio" type="xs:double">
<xs:annotation>
<xs:documentation>人工费比例</xs:documentation>
</xs:annotation>
</xs:attribute>
<xs:attribute name="MaterialRatio" type="xs:double">
<xs:annotation>
<xs:documentation>材料费比例</xs:documentation>
</xs:annotation>
</xs:attribute>
<xs:attribute name="MechRatio" type="xs:double">
<xs:annotation>
<xs:documentation>机械费比例</xs:documentation>
</xs:annotation>
</xs:attribute>
</xs:extension>
</xs:complexContent>
</xs:complexType>
</xs:element>
<xs:element name="Norm" maxOccurs="unbounded" minOccurs="0">
<xs:annotation>
<xs:documentation>定额列表</xs:documentation>
</xs:annotation>
<xs:complexType>
<xs:complexContent>
<xs:extension base="BaseType">
<xs:sequence>
```

```xml
<xs:element name="CostStructure" maxOccurs="1" minOccurs="1">
<xs:annotation>
<xs:documentation>费用构成明细</xs:documentation>
</xs:annotation>
<xs:complexType>
<xs:complexContent>
<xs:extension base="BaseType">
<xs:sequence>
<xs:element name="CostItem" maxOccurs="unbounded" minOccurs="1">
<xs:annotation>
<xs:documentation>费用明细</xs:documentation>
</xs:annotation>
<xs:complexType>
<xs:complexContent>
<xs:extension base="BaseType">
<xs:attribute name="ItemNo" type="xs:string" use="required">
<xs:annotation>
<xs:documentation>费用明细编码</xs:documentation>
</xs:annotation>
</xs:attribute>
<xs:attribute name="Sum" type="xs:double" use="required">
<xs:annotation>
<xs:documentation>明细金额</xs:documentation>
</xs:annotation>
</xs:attribute>
</xs:extension>
</xs:complexContent>
</xs:complexType>
</xs:element>
</xs:sequence>
</xs:extension>
</xs:complexContent>
</xs:complexType>
</xs:element>
<xs:element name="Consume" maxOccurs="1" minOccurs="1">
<xs:annotation>
```

```xml
<xs:documentation>定额消耗</xs:documentation>
</xs:annotation>
<xs:complexType>
<xs:complexContent>
<xs:extension base="BaseType">
<xs:sequence>
<xs:element name="ConsumeItem" maxOccurs="unbounded" minOccurs="1">
<xs:annotation>
<xs:documentation>定额消耗明细</xs:documentation>
</xs:annotation>
<xs:complexType>
<xs:complexContent>
<xs:extension base="BaseType">
<xs:attribute name="Code" type="xs:string" use="required">
<xs:annotation>
<xs:documentation>工料机编码</xs:documentation>
</xs:annotation>
</xs:attribute>
<xs:attribute name="Consumption" type="xs:double" use="required">
<xs:annotation>
<xs:documentation>消耗量</xs:documentation>
</xs:annotation>
</xs:attribute>
</xs:extension>
</xs:complexContent>
</xs:complexType>
</xs:element>
</xs:sequence>
</xs:extension>
</xs:complexContent>
</xs:complexType>
</xs:element>
</xs:sequence>
<xs:attribute name="NormLibNo" type="xs:string" use="required">
<xs:annotation>
<xs:documentation>造价依据编码（定额指标）</xs:documentation>
```

```xml
</xs:annotation>
</xs:attribute>
<xs:attribute name="Code" type="xs:string" use="required">
<xs:annotation>
<xs:documentation>定额子目编码</xs:documentation>
</xs:annotation>
</xs:attribute>
<xs:attribute name="Name" type="xs:string" use="required">
<xs:annotation>
<xs:documentation>定额子目名称</xs:documentation>
</xs:annotation>
</xs:attribute>
<xs:attribute name="Unit" type="xs:string" use="required">
<xs:annotation>
<xs:documentation>定额子目单位</xs:documentation>
</xs:annotation>
</xs:attribute>
<xs:attribute name="Num" type="xs:double" use="required">
<xs:annotation>
<xs:documentation>定额数量</xs:documentation>
</xs:annotation>
</xs:attribute>
<xs:attribute name="CostTypeNo" type="xs:string" use="required">
<xs:annotation>
<xs:documentation>工程类别编码</xs:documentation>
</xs:annotation>
</xs:attribute>
<xs:attribute name="ProfitRate" type="xs:double" use="required">
<xs:annotation>
<xs:documentation>利润率</xs:documentation>
</xs:annotation>
</xs:attribute>
<xs:attribute name="TaxRate" type="xs:double" use="required">
<xs:annotation>
<xs:documentation>税率</xs:documentation>
</xs:annotation>
```

```
</xs:attribute>
<xs:attribute name="FabricationCost" type="xs:double" use="required">
<xs:annotation>
<xs:documentation>金额合计</xs:documentation>
</xs:annotation>
</xs:attribute>
<xs:attribute name="AdjustStatus" type="xs:string">
<xs:annotation>
<xs:documentation>调整状态</xs:documentation>
</xs:annotation>
</xs:attribute>
</xs:extension>
</xs:complexContent>
</xs:complexType>
</xs:element>
</xs:sequence>
</xs:extension>
</xs:complexContent>
</xs:complexType>
</xs:element>
<!--
费用构成明细
-->
<xs:element name="CostStructure" maxOccurs="1" minOccurs="1">
<xs:annotation>
<xs:documentation>费用构成明细</xs:documentation>
</xs:annotation>
<xs:complexType>
<xs:complexContent>
<xs:extension base="BaseType">
<xs:sequence>
<xs:element name="CostItem" maxOccurs="unbounded" minOccurs="1">
<xs:annotation>
<xs:documentation>费用明细</xs:documentation>
</xs:annotation>
<xs:complexType>
```

```
<xs:complexContent>
<xs:extension base="BaseType">
<xs:attribute name="ItemNo" type="xs:string" use="required">
<xs:annotation>
<xs:documentation>费用明细编码</xs:documentation>
</xs:annotation>
</xs:attribute>
<xs:attribute name="Sum" type="xs:double" use="required">
<xs:annotation>
<xs:documentation>明细金额</xs:documentation>
</xs:annotation>
</xs:attribute>
</xs:extension>
</xs:complexContent>
</xs:complexType>
</xs:element>
</xs:sequence>
</xs:extension>
</xs:complexContent>
</xs:complexType>
</xs:element>
<xs:sequence>
<xs:element name="Item" maxOccurs="unbounded" minOccurs="0" type="ItemBase">
<xs:annotation>
<xs:documentation>要素费用项目(清单)表</xs:documentation>
</xs:annotation>
</xs:element>
</xs:sequence>
</xs:sequence>
<xs:attribute name="ListCode" type="xs:string" use="required">
<xs:annotation>
<xs:documentation>要素项目（清单）编码</xs:documentation>
</xs:annotation>
</xs:attribute>
<xs:attribute name="ListName" type="xs:string" use="required">
<xs:annotation>
```

```xml
        <xs:documentation>要素项目(清单)名称</xs:documentation>
      </xs:annotation>
    </xs:attribute>
    <xs:attribute name="Unit" type="xs:string" use="required">
      <xs:annotation>
        <xs:documentation>单位</xs:documentation>
      </xs:annotation>
    </xs:attribute>
    <xs:attribute name="Unit1" type="xs:string">
      <xs:annotation>
        <xs:documentation>单位1</xs:documentation>
      </xs:annotation>
    </xs:attribute>
    <xs:attribute name="Unit2" type="xs:string">
      <xs:annotation>
        <xs:documentation>单位2</xs:documentation>
      </xs:annotation>
    </xs:attribute>
    <xs:attribute name="Num" type="xs:double" use="required">
      <xs:annotation>
        <xs:documentation>数量</xs:documentation>
      </xs:annotation>
    </xs:attribute>
    <xs:attribute name="Num1" type="xs:double">
      <xs:annotation>
        <xs:documentation>数量1</xs:documentation>
      </xs:annotation>
    </xs:attribute>
    <xs:attribute name="Num2" type="xs:double">
      <xs:annotation>
        <xs:documentation>数量2</xs:documentation>
      </xs:annotation>
    </xs:attribute>
    <xs:attribute name="Price" type="xs:double" use="required">
      <xs:annotation>
        <xs:documentation>单价</xs:documentation>
```

```xml
</xs:annotation>
</xs:attribute>
<xs:attribute name="Price1" type="xs:double">
<xs:annotation>
<xs:documentation>单价1</xs:documentation>
</xs:annotation>
</xs:attribute>
<xs:attribute name="Price2" type="xs:double">
<xs:annotation>
<xs:documentation>单价2</xs:documentation>
</xs:annotation>
</xs:attribute>
<xs:attribute name="Sum" type="xs:double" use="required">
<xs:annotation>
<xs:documentation>金额</xs:documentation>
</xs:annotation>
</xs:attribute>
<xs:attribute name="ProvisionalType" type="xs:integer">
<xs:annotation>
<xs:documentation>暂估价类型</xs:documentation>
</xs:annotation>
</xs:attribute>
<xs:attribute name="MeterRules" type="xs:string">
<xs:annotation>
<xs:documentation>计量规则</xs:documentation>
</xs:annotation>
</xs:attribute>
<xs:attribute name="Content" type="xs:string">
<xs:annotation>
<xs:documentation>工程内容</xs:documentation>
</xs:annotation>
</xs:attribute>
<xs:attribute name="Remarks" type="xs:string">
<xs:annotation>
<xs:documentation>备注</xs:documentation>
</xs:annotation>
```

```xml
</xs:attribute>
<xs:attribute name="MpRatio" type="xs:double">
<xs:annotation>
<xs:documentation>人工调价系数</xs:documentation>
</xs:annotation>
</xs:attribute>
<xs:attribute name="MaterialRatio" type="xs:double">
<xs:annotation>
<xs:documentation>材料调价系数</xs:documentation>
</xs:annotation>
</xs:attribute>
<xs:attribute name="MechRatio" type="xs:double">
<xs:annotation>
<xs:documentation>机械调价系数</xs:documentation>
</xs:annotation>
</xs:attribute>
<xs:attribute name="AdjustedPrice" type="xs:double">
<xs:annotation>
<xs:documentation>调价后单价</xs:documentation>
</xs:annotation>
</xs:attribute>
<xs:attribute name="AdjustedSums" type="xs:double">
<xs:annotation>
<xs:documentation>调价后合价</xs:documentation>
</xs:annotation>
</xs:attribute>
<xs:attribute name="ItemType" type="xs:integer">
<xs:annotation>
<xs:documentation>要素项目（清单）类型</xs:documentation>
</xs:annotation>
</xs:attribute>
<xs:attribute name="FormulaCode" type="xs:string">
<xs:annotation>
<xs:documentation>计算式编码</xs:documentation>
</xs:annotation>
</xs:attribute>
```

```
</xs:extension>
</xs:complexContent>
</xs:complexType>
<xs:element name="CprjInfo">
<xs:annotation>
<xs:documentation>建设项目</xs:documentation>
</xs:annotation>
<xs:complexType>
<xs:complexContent>
<xs:extension base="BaseType">
<xs:sequence>
<xs:element name="SystemInfo" maxOccurs="1" minOccurs="1">
<xs:annotation>
<xs:documentation>基本信息</xs:documentation>
</xs:annotation>
<xs:complexType>
<xs:complexContent>
<xs:extension base="BaseType">
<xs:attribute name="Name" type="xs:string" use="required">
<xs:annotation>
<xs:documentation>标准名称</xs:documentation>
</xs:annotation>
</xs:attribute>
<xs:attribute name="Version" type="xs:string" use="required">
<xs:annotation>
<xs:documentation>标准版本</xs:documentation>
</xs:annotation>
</xs:attribute>
<xs:attribute name="SoftwareName" type="xs:string" use="required">
<xs:annotation>
<xs:documentation>软件名称</xs:documentation>
</xs:annotation>
</xs:attribute>
<xs:attribute name="SoftwareVer" type="xs:string" use="required">
<xs:annotation>
<xs:documentation>软件版本</xs:documentation>
```

```xml
</xs:annotation>
</xs:attribute>
<xs:attribute name="SoftwareCompany" type="xs:string" use="required">
<xs:annotation>
<xs:documentation>软件公司名称</xs:documentation>
</xs:annotation>
</xs:attribute>
<xs:attribute name="MakeDate" type="xs:dateTime" use="required">
<xs:annotation>
<xs:documentation>文件生成时间</xs:documentation>
</xs:annotation>
</xs:attribute>
<xs:attribute name="MacAddress" type="xs:string">
<xs:annotation>
<xs:documentation>网卡地址</xs:documentation>
</xs:annotation>
</xs:attribute>
<xs:attribute name="HardNumber" type="xs:string">
<xs:annotation>
<xs:documentation>硬盘序列号</xs:documentation>
</xs:annotation>
</xs:attribute>
<xs:attribute name="SoftwareNumber" type="xs:string">
<xs:annotation>
<xs:documentation>软件序列号</xs:documentation>
</xs:annotation>
</xs:attribute>
</xs:extension>
</xs:complexContent>
</xs:complexType>
</xs:element>
<xs:element name="CostBasis" maxOccurs="1" minOccurs="1">
<xs:annotation>
<xs:documentation>造价依据</xs:documentation>
</xs:annotation>
<xs:complexType>
```

```xml
<xs:complexContent>
<xs:extension base="BaseType">
<xs:sequence>
<xs:element name="NormLib" maxOccurs="unbounded" minOccurs="1">
<xs:annotation>
<xs:documentation>定额库</xs:documentation>
</xs:annotation>
<xs:complexType>
<xs:complexContent>
<xs:extension base="BaseType">
<xs:attribute name="NormLibNo" type="xs:string" use="required">
<xs:annotation>
<xs:documentation>造价依据编码（定额指标）</xs:documentation>
</xs:annotation>
</xs:attribute>
<xs:attribute name="NormLibName" type="xs:string">
<xs:annotation>
<xs:documentation>造价依据名称（定额指标）</xs:documentation>
</xs:annotation>
</xs:attribute>
<xs:attribute name="Type" type="xs:string" use="required">
<xs:annotation>
<xs:documentation>定额库类型编码</xs:documentation>
</xs:annotation>
</xs:attribute>
</xs:extension>
</xs:complexContent>
</xs:complexType>
</xs:element>
</xs:sequence>
<xs:attribute name="MakeRuleNo" type="xs:string" use="required">
<xs:annotation>
<xs:documentation>造价依据编码（编制办法）</xs:documentation>
</xs:annotation>
</xs:attribute>
<xs:attribute name="MakeRuleName" type="xs:string">
```

```
<xs:annotation>
<xs:documentation>造价依据名称（编制办法）</xs:documentation>
</xs:annotation>
</xs:attribute>
<xs:attribute name="ItemStandardNo" type="xs:string" use="required">
<xs:annotation>
<xs:documentation>造价依据编码（要素费用项目）</xs:documentation>
</xs:annotation>
</xs:attribute>
</xs:extension>
</xs:complexContent>
</xs:complexType>
</xs:element>
<xs:element name="Rate" maxOccurs="unbounded" minOccurs="1">
<xs:annotation>
<xs:documentation>费率文件</xs:documentation>
</xs:annotation>
<xs:complexType>
<xs:complexContent>
<xs:extension base="BaseType">
<xs:sequence>
<xs:element name="RateParams" maxOccurs="1" minOccurs="1">
<xs:annotation>
<xs:documentation>取费参数</xs:documentation>
</xs:annotation>
<xs:complexType>
<xs:complexContent>
<xs:extension base="BaseType">
<xs:sequence>
<xs:element name="RateParam" maxOccurs="unbounded" minOccurs="1">
<xs:annotation>
<xs:documentation>取费参数明细</xs:documentation>
</xs:annotation>
<xs:complexType>
<xs:complexContent>
<xs:extension base="BaseType">
```

```
<xs:attribute name="RateTypeNo" type="xs:string" use="required">
<xs:annotation>
<xs:documentation>费率类别编码</xs:documentation>
</xs:annotation>
</xs:attribute>
<xs:attribute name="RateParamNo" type="xs:string" use="required">
<xs:annotation>
<xs:documentation>费率类别取值参数编码或值</xs:documentation>
</xs:annotation>
</xs:attribute>
<xs:attribute name="Ratio" type="xs:double" use="required">
<xs:annotation>
<xs:documentation>比例</xs:documentation>
</xs:annotation>
</xs:attribute>
</xs:extension>
</xs:complexContent>
</xs:complexType>
</xs:element>
</xs:sequence>
</xs:extension>
</xs:complexContent>
</xs:complexType>
</xs:element>
<xs:element name="RateValues" maxOccurs="1" minOccurs="1">
<xs:annotation>
<xs:documentation>费率值</xs:documentation>
</xs:annotation>
<xs:complexType>
<xs:complexContent>
<xs:extension base="BaseType">
<xs:sequence>
<xs:element name="RateValue" maxOccurs="unbounded" minOccurs="1">
<xs:annotation>
<xs:documentation>费率值明细</xs:documentation>
</xs:annotation>
```

```xml
<xs:complexType>
<xs:complexContent>
<xs:extension base="BaseType">
<xs:attribute name="CostTypeNo" type="xs:string" use="required">
<xs:annotation>
<xs:documentation>工程类别编码</xs:documentation>
</xs:annotation>
</xs:attribute>
<xs:attribute name="RateTypeNo" type="xs:string" use="required">
<xs:annotation>
<xs:documentation>费率类别编码</xs:documentation>
</xs:annotation>
</xs:attribute>
<xs:attribute name="RateValue" type="xs:double" use="required">
<xs:annotation>
<xs:documentation>费率值</xs:documentation>
</xs:annotation>
</xs:attribute>
</xs:extension>
</xs:complexContent>
</xs:complexType>
</xs:element>
</xs:sequence>
</xs:extension>
</xs:complexContent>
</xs:complexType>
</xs:element>
</xs:sequence>
<xs:attribute name="RateNo" type="xs:string" use="required">
<xs:annotation>
<xs:documentation>费率文件编号</xs:documentation>
</xs:annotation>
</xs:attribute>
<xs:attribute name="Name" type="xs:string" use="required">
<xs:annotation>
<xs:documentation>费率文件名称</xs:documentation>
```

```xml
</xs:annotation>
</xs:attribute>
<xs:attribute name="RateLibNo" type="xs:string" use="required">
<xs:annotation>
<xs:documentation>造价依据编码（费率）</xs:documentation>
</xs:annotation>
</xs:attribute>
</xs:extension>
</xs:complexContent>
</xs:complexType>
</xs:element>
<xs:element name="Pract" maxOccurs="unbounded" minOccurs="1">
<xs:annotation>
<xs:documentation>工料机单价文件</xs:documentation>
</xs:annotation>
<xs:complexType>
<xs:complexContent>
<xs:extension base="BaseType">
<xs:sequence>
<xs:element name="Mps" maxOccurs="1" minOccurs="1">
<xs:annotation>
<xs:documentation>人工</xs:documentation>
</xs:annotation>
<xs:complexType>
<xs:complexContent>
<xs:extension base="BaseType">
<xs:sequence>
<xs:element name="Mp" maxOccurs="unbounded" minOccurs="0">
<xs:annotation>
<xs:documentation>人工明细</xs:documentation>
</xs:annotation>
<xs:complexType>
<xs:complexContent>
<xs:extension base="PractBase">
<xs:annotation>
<xs:documentation>工料（设备）机单价基类</xs:documentation>
```

```
</xs:annotation>
</xs:extension>
</xs:complexContent>
</xs:complexType>
</xs:element>
</xs:sequence>
</xs:extension>
</xs:complexContent>
</xs:complexType>
</xs:element>
<xs:element name="Materials" maxOccurs="1" minOccurs="1">
<xs:annotation>
<xs:documentation>材料</xs:documentation>
</xs:annotation>
<xs:complexType>
<xs:complexContent>
<xs:extension base="BaseType">
<xs:sequence>
<xs:element name="Material" maxOccurs="unbounded" minOccurs="0">
<xs:annotation>
<xs:documentation>材料明细</xs:documentation>
</xs:annotation>
<xs:complexType>
<xs:complexContent>
<xs:extension base="PractBase">
<xs:annotation>
<xs:documentation>工料（设备）机单价基类</xs:documentation>
</xs:annotation>
<xs:sequence>
<xs:element name="Electro" maxOccurs="unbounded" minOccurs="0">
<xs:annotation>
<xs:documentation>综合电价构成</xs:documentation>
</xs:annotation>
<xs:complexType>
<xs:complexContent>
<xs:extension base="BaseType">
```

```
<xs:attribute name="Display Code" type="xs:string" use="required">
<xs:annotation>
<xs:documentation>供电编码</xs:documentation>
</xs:annotation>
</xs:attribute>
<xs:attribute name="Price" type="xs:double" use="required">
<xs:annotation>
<xs:documentation>电单价</xs:documentation>
</xs:annotation>
</xs:attribute>
<xs:attribute name="Ratio" type="xs:double" use="required">
<xs:annotation>
<xs:documentation>比例</xs:documentation>
</xs:annotation>
</xs:attribute>
</xs:extension>
</xs:complexContent>
</xs:complexType>
</xs:element>
<xs:element name="OrgPrices" maxOccurs="unbounded" minOccurs="0">
<xs:annotation>
<xs:documentation>原价（不含税）</xs:documentation>
</xs:annotation>
<xs:complexType>
<xs:complexContent>
<xs:extension base="BaseType">
<xs:sequence>
<xs:element name="SelfCollect" maxOccurs="unbounded" minOccurs="0">
<xs:annotation>
<xs:documentation>材料自采</xs:documentation>
</xs:annotation>
<xs:complexType>
<xs:complexContent>
<xs:extension base="BaseType">
<xs:sequence>
<xs:element name="Norm" maxOccurs="unbounded" minOccurs="1">
```

```
<xs:annotation>
<xs:documentation>定额列表</xs:documentation>
</xs:annotation>
<xs:complexType>
<xs:complexContent>
<xs:extension base="BaseType">
<xs:sequence>
<xs:element name="CostStructure" maxOccurs="1" minOccurs="1">
<xs:annotation>
<xs:documentation>费用构成明细</xs:documentation>
</xs:annotation>
<xs:complexType>
<xs:complexContent>
<xs:extension base="BaseType">
<xs:sequence>
<xs:element name="CostItem" maxOccurs="unbounded" minOccurs="1">
<xs:annotation>
<xs:documentation>费用明细</xs:documentation>
</xs:annotation>
<xs:complexType>
<xs:complexContent>
<xs:extension base="BaseType">
<xs:attribute name="ItemNo" type="xs:string" use="required">
<xs:annotation>
<xs:documentation>费用明细编码</xs:documentation>
</xs:annotation>
</xs:attribute>
<xs:attribute name="Sum" type="xs:double" use="required">
<xs:annotation>
<xs:documentation>明细金额</xs:documentation>
</xs:annotation>
</xs:attribute>
</xs:extension>
</xs:complexContent>
</xs:complexType>
</xs:element>
```

```xml
</xs:sequence>
</xs:extension>
</xs:complexContent>
</xs:complexType>
</xs:element>
<xs:element name="Consume">
<xs:annotation>
<xs:documentation>定额消耗</xs:documentation>
</xs:annotation>
<xs:complexType>
<xs:complexContent>
<xs:extension base="BaseType">
<xs:sequence>
<xs:element name="ConsumeItem" maxOccurs="unbounded" minOccurs="1">
<xs:annotation>
<xs:documentation>定额消耗明细</xs:documentation>
</xs:annotation>
<xs:complexType>
<xs:complexContent>
<xs:extension base="BaseType">
<xs:attribute name="Code" type="xs:string" use="required">
<xs:annotation>
<xs:documentation>工料机编码</xs:documentation>
</xs:annotation>
</xs:attribute>
<xs:attribute name="Consumption" type="xs:double" use="required">
<xs:annotation>
<xs:documentation>消耗量</xs:documentation>
</xs:annotation>
</xs:attribute>
</xs:extension>
</xs:complexContent>
</xs:complexType>
</xs:element>
</xs:sequence>
</xs:extension>
```

```xml
</xs:complexContent>
</xs:complexType>
</xs:element>
</xs:sequence>
<xs:attribute name="NormLibNo" type="xs:string" use="required">
<xs:annotation>
<xs:documentation>造价依据编码（定额指标）</xs:documentation>
</xs:annotation>
</xs:attribute>
<xs:attribute name="Code" type="xs:string" use="required">
<xs:annotation>
<xs:documentation>定额子目编码</xs:documentation>
</xs:annotation>
</xs:attribute>
<xs:attribute name="Name" type="xs:string" use="required">
<xs:annotation>
<xs:documentation>定额子目名称</xs:documentation>
</xs:annotation>
</xs:attribute>
<xs:attribute name="Unit" type="xs:string" use="required">
<xs:annotation>
<xs:documentation>定额子目单位</xs:documentation>
</xs:annotation>
</xs:attribute>
<xs:attribute name="Num" type="xs:double" use="required">
<xs:annotation>
<xs:documentation>定额数量</xs:documentation>
</xs:annotation>
</xs:attribute>
<xs:attribute name="CostTypeNo" type="xs:string" use="required">
<xs:annotation>
<xs:documentation>工程类别编码</xs:documentation>
</xs:annotation>
</xs:attribute>
<xs:attribute name="ProfitRate" type="xs:double" use="required">
<xs:annotation>
```

```xml
<xs:documentation>利润率</xs:documentation>
</xs:annotation>
</xs:attribute>
<xs:attribute name="TaxRate" type="xs:double" use="required">
<xs:annotation>
<xs:documentation>税率</xs:documentation>
</xs:annotation>
</xs:attribute>
<xs:attribute name="FabricationCost" type="xs:double" use="required">
<xs:annotation>
<xs:documentation>金额合计</xs:documentation>
</xs:annotation>
</xs:attribute>
<xs:attribute name="AdjustStatus" type="xs:string">
<xs:annotation>
<xs:documentation>调整状态</xs:documentation>
</xs:annotation>
</xs:attribute>
</xs:extension>
</xs:complexContent>
</xs:complexType>
</xs:element>
</xs:sequence>
<xs:attribute name="OtherCost" type="xs:double" use="required">
<xs:annotation>
<xs:documentation>其他费用</xs:documentation>
</xs:annotation>
</xs:attribute>
</xs:extension>
</xs:complexContent>
</xs:complexType>
</xs:element>
</xs:sequence>
<xs:attribute name="OrgPricevalue" type="xs:double" use="required">
<xs:annotation>
<xs:documentation>原价（不含税）</xs:documentation>
```

```xml
</xs:annotation>
</xs:attribute>
<xs:attribute name="Ratio" type="xs:double" use="required">
<xs:annotation>
<xs:documentation>自采比例</xs:documentation>
</xs:annotation>
</xs:attribute>
</xs:extension>
</xs:complexContent>
</xs:complexType>
</xs:element>
<xs:element name="TransFees" maxOccurs="unbounded" minOccurs="0">
<xs:annotation>
<xs:documentation>运杂费</xs:documentation>
</xs:annotation>
<xs:complexType>
<xs:sequence>
<xs:element name="SelfTrans" maxOccurs="unbounded" minOccurs="0">
<xs:annotation>
<xs:documentation>自办运输</xs:documentation>
</xs:annotation>
<xs:complexType>
<xs:complexContent>
<xs:extension base="BaseType">
<xs:sequence>
<xs:element name="Norm" maxOccurs="unbounded" minOccurs="1">
<xs:annotation>
<xs:documentation>定额列表</xs:documentation>
</xs:annotation>
<xs:complexType>
<xs:complexContent>
<xs:extension base="BaseType">
<xs:sequence>
<xs:element name="CostStructure" maxOccurs="1" minOccurs="1">
<xs:annotation>
<xs:documentation>费用构成明细</xs:documentation>
```

```xml
</xs:annotation>
<xs:complexType>
<xs:complexContent>
<xs:extension base="BaseType">
<xs:sequence>
<xs:element name="CostItem" maxOccurs="unbounded" minOccurs="1">
<xs:annotation>
<xs:documentation>费用明细</xs:documentation>
</xs:annotation>
<xs:complexType>
<xs:complexContent>
<xs:extension base="BaseType">
<xs:attribute name="ItemNo" type="xs:string" use="required">
<xs:annotation>
<xs:documentation>费用明细编码</xs:documentation>
</xs:annotation>
</xs:attribute>
<xs:attribute name="Sum" type="xs:double" use="required">
<xs:annotation>
<xs:documentation>明细金额</xs:documentation>
</xs:annotation>
</xs:attribute>
</xs:extension>
</xs:complexContent>
</xs:complexType>
</xs:element>
</xs:sequence>
</xs:extension>
</xs:complexContent>
</xs:complexType>
</xs:element>
<xs:element name="Consume">
<xs:annotation>
<xs:documentation>定额消耗</xs:documentation>
</xs:annotation>
<xs:complexType>
```

```xml
<xs:complexContent>
<xs:extension base="BaseType">
<xs:sequence>
<xs:element name="ConsumeItem" maxOccurs="unbounded" minOccurs="1">
<xs:annotation>
<xs:documentation>定额消耗明细</xs:documentation>
</xs:annotation>
<xs:complexType>
<xs:complexContent>
<xs:extension base="BaseType">
<xs:attribute name="Code" type="xs:string" use="required">
<xs:annotation>
<xs:documentation>工料机编码</xs:documentation>
</xs:annotation>
</xs:attribute>
<xs:attribute name="Consumption" type="xs:double" use="required">
<xs:annotation>
<xs:documentation>消耗量</xs:documentation>
</xs:annotation>
</xs:attribute>
</xs:extension>
</xs:complexContent>
</xs:complexType>
</xs:element>
</xs:sequence>
</xs:extension>
</xs:complexContent>
</xs:complexType>
</xs:element>
</xs:sequence>
<xs:attribute name="NormLibNo" type="xs:string" use="required">
<xs:annotation>
<xs:documentation>造价依据编码（定额指标）</xs:documentation>
</xs:annotation>
</xs:attribute>
<xs:attribute name="Code" type="xs:string" use="required">
```

```
<xs:annotation>
<xs:documentation>定额子目编码</xs:documentation>
</xs:annotation>
</xs:attribute>
<xs:attribute name="Name" type="xs:string" use="required">
<xs:annotation>
<xs:documentation>定额子目名称</xs:documentation>
</xs:annotation>
</xs:attribute>
<xs:attribute name="Unit" type="xs:string" use="required">
<xs:annotation>
<xs:documentation>定额子目单位</xs:documentation>
</xs:annotation>
</xs:attribute>
<xs:attribute name="Num" type="xs:double" use="required">
<xs:annotation>
<xs:documentation>定额数量</xs:documentation>
</xs:annotation>
</xs:attribute>
<xs:attribute name="CostTypeNo" type="xs:string" use="required">
<xs:annotation>
<xs:documentation>工程类别编码</xs:documentation>
</xs:annotation>
</xs:attribute>
<xs:attribute name="ProfitRate" type="xs:double" use="required">
<xs:annotation>
<xs:documentation>利润率</xs:documentation>
</xs:annotation>
</xs:attribute>
<xs:attribute name="TaxRate" type="xs:double" use="required">
<xs:annotation>
<xs:documentation>税率</xs:documentation>
</xs:annotation>
</xs:attribute>
<xs:attribute name="FabricationCost" type="xs:double" use="required">
<xs:annotation>
```

```
          <xs:documentation>金额合计</xs:documentation>
        </xs:annotation>
      </xs:attribute>
      <xs:attribute name="AdjustStatus" type="xs:string">
        <xs:annotation>
          <xs:documentation>调整状态</xs:documentation>
        </xs:annotation>
      </xs:attribute>
     </xs:extension>
    </xs:complexContent>
   </xs:complexType>
  </xs:element>
 </xs:sequence>
       </xs:extension>
      </xs:complexContent>
     </xs:complexType>
    </xs:element>
   </xs:sequence>
   <xs:attribute name="FromPlace" type="xs:string" use="required">
    <xs:annotation>
     <xs:documentation>起讫点</xs:documentation>
    </xs:annotation>
   </xs:attribute>
   <xs:attribute name="TransWay" type="xs:string" use="required">
    <xs:annotation>
     <xs:documentation>运输方式</xs:documentation>
    </xs:annotation>
   </xs:attribute>
   <xs:attribute name="TransDistence" type="xs:double" use="required">
    <xs:annotation>
     <xs:documentation>运距</xs:documentation>
    </xs:annotation>
   </xs:attribute>
   <xs:attribute name="TransFee" type="xs:double" use="required">
    <xs:annotation>
     <xs:documentation>吨·公里运价</xs:documentation>
```

```xml
</xs:annotation>
</xs:attribute>
<xs:attribute name="LoadTimes" type="xs:integer" use="required">
<xs:annotation>
<xs:documentation>装卸次数</xs:documentation>
</xs:annotation>
</xs:attribute>
<xs:attribute name="LoadCost" type="xs:double" use="required">
<xs:annotation>
<xs:documentation>装卸单价</xs:documentation>
</xs:annotation>
</xs:attribute>
<xs:attribute name="OtherCost" type="xs:double" use="required">
<xs:annotation>
<xs:documentation>其他费用</xs:documentation>
</xs:annotation>
</xs:attribute>
<xs:attribute name="Ratio" type="xs:double" use="required">
<xs:annotation>
<xs:documentation>加权系数</xs:documentation>
</xs:annotation>
</xs:attribute>
<xs:attribute name="Freight" type="xs:double" use="required">
<xs:annotation>
<xs:documentation>单位运费</xs:documentation>
</xs:annotation>
</xs:attribute>
</xs:complexType>
</xs:element>
</xs:sequence>
<xs:attribute name="OrgPrice" type="xs:double">
<xs:annotation>
<xs:documentation>原价（不含税价）</xs:documentation>
</xs:annotation>
</xs:attribute>
<xs:attribute name="TransFee" type="xs:double">
```

```
<xs:annotation>
<xs:documentation>运杂费</xs:documentation>
</xs:annotation>
</xs:attribute>
<xs:attribute name="GwRate" type="xs:double" use="required">
<xs:annotation>
<xs:documentation>单位毛重</xs:documentation>
</xs:annotation>
</xs:attribute>
<xs:attribute name="OffSiteLf" type="xs:double" use="required">
<xs:annotation>
<xs:documentation>场外运输损耗率</xs:documentation>
</xs:annotation>
</xs:attribute>
<xs:attribute name="OnSiteLf" type="xs:double" use="required">
<xs:annotation>
<xs:documentation>场内运输损耗费率</xs:documentation>
</xs:annotation>
</xs:attribute>
<xs:attribute name="LoadLf" type="xs:double" use="required">
<xs:annotation>
<xs:documentation>每增加1次装卸损耗率</xs:documentation>
</xs:annotation>
</xs:attribute>
<xs:attribute name="StoreRate" type="xs:double" use="required">
<xs:annotation>
<xs:documentation>采购及保管费率</xs:documentation>
</xs:annotation>
</xs:attribute>
<xs:attribute name="PackageRecycleFee" type="xs:double" use="required">
<xs:annotation>
<xs:documentation>包装回收费</xs:documentation>
</xs:annotation>
</xs:attribute>
</xs:extension>
</xs:complexContent>
```

```xml
</xs:complexType>
</xs:element>
</xs:sequence>
</xs:extension>
</xs:complexContent>
</xs:complexType>
</xs:element>
<xs:element name="Mechs" maxOccurs="1" minOccurs="1">
<xs:annotation>
<xs:documentation>机械</xs:documentation>
</xs:annotation>
<xs:complexType>
<xs:complexContent>
<xs:extension base="BaseType">
<xs:sequence>
<xs:element name="Mech" maxOccurs="unbounded" minOccurs="0">
<xs:annotation>
<xs:documentation>机械明细</xs:documentation>
</xs:annotation>
<xs:complexType>
<xs:complexContent>
<xs:extension base="PractBase">
<xs:annotation>
<xs:documentation>工料（设备）机单价基类</xs:documentation>
</xs:annotation>
<xs:sequence>
<xs:element name="FixedCost" maxOccurs="1" minOccurs="0">
<xs:annotation>
<xs:documentation>不变费用</xs:documentation>
</xs:annotation>
<xs:complexType>
<xs:complexContent>
<xs:extension base="BaseType">
<xs:sequence>
<xs:element name="FixedCostItem" maxOccurs="unbounded" minOccurs="1">
<xs:annotation>
```

```xml
<xs:documentation>不变费用明细</xs:documentation>
</xs:annotation>
<xs:complexType>
<xs:complexContent>
<xs:extension base="BaseType">
<xs:attribute name="FixedCostNo" type="xs:double">
<xs:annotation>
<xs:documentation>不变费用明细编码</xs:documentation>
</xs:annotation>
</xs:attribute>
<xs:attribute name="Sum" type="xs:double" use="required">
<xs:annotation>
<xs:documentation>金额</xs:documentation>
</xs:annotation>
</xs:attribute>
</xs:extension>
</xs:complexContent>
</xs:complexType>
</xs:element>
</xs:sequence>
<xs:attribute name="FixedCostSum" type="xs:double" use="required">
<xs:annotation>
<xs:documentation>不变费用金额</xs:documentation>
</xs:annotation>
</xs:attribute>
<xs:attribute name="FixedRate" type="xs:double" use="required">
<xs:annotation>
<xs:documentation>不变费用系数</xs:documentation>
</xs:annotation>
</xs:attribute>
</xs:extension>
</xs:complexContent>
</xs:complexType>
</xs:element>
<xs:element name="VariableCost" maxOccurs="1" minOccurs="0">
<xs:annotation>
```

```xml
<xs:documentation>可变费用</xs:documentation>
</xs:annotation>
<xs:complexType>
<xs:complexContent>
<xs:extension base="BaseType">
<xs:sequence>
<xs:element name="VariableCostItem" maxOccurs="unbounded" minOccurs="1">
<xs:annotation>
<xs:documentation>可变费用明细</xs:documentation>
</xs:annotation>
<xs:complexType>
<xs:complexContent>
<xs:extension base="BaseType">
<xs:attribute name="VariableCostNo" type="xs:string" use="required">
<xs:annotation>
<xs:documentation>可变费用消耗编码</xs:documentation>
</xs:annotation>
</xs:attribute>
<xs:attribute name="Consumption" type="xs:double" use="required">
<xs:annotation>
<xs:documentation>消耗量</xs:documentation>
</xs:annotation>
</xs:attribute>
</xs:extension>
</xs:complexContent>
</xs:complexType>
</xs:element>
</xs:sequence>
<xs:attribute name="VariableCostSum" type="xs:double" use="required">
<xs:annotation>
<xs:documentation>可变费用金额</xs:documentation>
</xs:annotation>
</xs:attribute>
</xs:extension>
</xs:complexContent>
</xs:complexType>
```

```
</xs:element>
</xs:sequence>
</xs:extension>
</xs:complexContent>
</xs:complexType>
</xs:element>
</xs:sequence>
</xs:extension>
</xs:complexContent>
</xs:complexType>
</xs:element>
</xs:sequence>
<xs:attribute name="PractNo" type="xs:string" use="required">
<xs:annotation>
<xs:documentation>单价文件编号</xs:documentation>
</xs:annotation>
</xs:attribute>
<xs:attribute name="Name" type="xs:string" use="required">
<xs:annotation>
<xs:documentation>单价文件名称</xs:documentation>
</xs:annotation>
</xs:attribute>
<xs:attribute name="AltitudeRatio" type="xs:double">
<xs:annotation>
<xs:documentation>高海拔基价调整系数</xs:documentation>
</xs:annotation>
</xs:attribute>
<xs:attribute name="TaxLibNo" type="xs:string" use="required">
<xs:annotation>
<xs:documentation>造价依据编码（车船税）</xs:documentation>
</xs:annotation>
</xs:attribute>
<xs:attribute name="PriceFileNo" type="xs:string" use="required">
<xs:annotation>
<xs:documentation>造价依据编码（价格信息）</xs:documentation>
</xs:annotation>
```

```
</xs:attribute>
</xs:extension>
</xs:complexContent>
</xs:complexType>
</xs:element>
<xs:element name="EprjInfo" maxOccurs="unbounded" minOccurs="1">
<xs:annotation>
<xs:documentation>项目分段</xs:documentation>
</xs:annotation>
<xs:complexType>
<xs:complexContent>
<xs:extension base="BaseType">
<xs:sequence>
<xs:element name="MakeInfo" maxOccurs="1" minOccurs="1">
<xs:annotation>
<xs:documentation>编制信息</xs:documentation>
</xs:annotation>
<xs:complexType>
<xs:complexContent>
<xs:extension base="BaseType">
<xs:attribute name="Manage" type="xs:string" use="required">
<xs:annotation>
<xs:documentation>建设管理单位</xs:documentation>
</xs:annotation>
</xs:attribute>
<xs:attribute name="Designer" type="xs:string" use="required">
<xs:annotation>
<xs:documentation>设计单位</xs:documentation>
</xs:annotation>
</xs:attribute>
<xs:attribute name="Compile" type="xs:string" use="required">
<xs:annotation>
<xs:documentation>编制单位</xs:documentation>
</xs:annotation>
</xs:attribute>
<xs:attribute name="CompileApprover" type="xs:string" use="required">
```

```xml
<xs:annotation>
<xs:documentation>编制人</xs:documentation>
</xs:annotation>
</xs:attribute>
<xs:attribute name="CompileCertNo" type="xs:string" use="required">
<xs:annotation>
<xs:documentation>编制人证书号</xs:documentation>
</xs:annotation>
</xs:attribute>
<xs:attribute name="CompileDate" type="xs:dateTime" use="required">
<xs:annotation>
<xs:documentation>编制日期</xs:documentation>
</xs:annotation>
</xs:attribute>
<xs:attribute name="Review" type="xs:string">
<xs:annotation>
<xs:documentation>复核单位</xs:documentation>
</xs:annotation>
</xs:attribute>
<xs:attribute name="ReviewApprover" type="xs:string" use="required">
<xs:annotation>
<xs:documentation>复核人</xs:documentation>
</xs:annotation>
</xs:attribute>
<xs:attribute name="ReviewCertNo" type="xs:string" use="required">
<xs:annotation>
<xs:documentation>复核人证书号</xs:documentation>
</xs:annotation>
</xs:attribute>
<xs:attribute name="ReviewDate" type="xs:dateTime" use="required">
<xs:annotation>
<xs:documentation>复核日期</xs:documentation>
</xs:annotation>
</xs:attribute>
<xs:attribute name="Examine" type="xs:string">
<xs:annotation>
```

```xml
<xs:documentation>审核单位</xs:documentation>
</xs:annotation>
</xs:attribute>
<xs:attribute name="ExamineApprover" type="xs:string">
<xs:annotation>
<xs:documentation>审核人</xs:documentation>
</xs:annotation>
</xs:attribute>
<xs:attribute name="ExamineCertNo" type="xs:string">
<xs:annotation>
<xs:documentation>审核人证书号</xs:documentation>
</xs:annotation>
</xs:attribute>
<xs:attribute name="ExamineDate" type="xs:dateTime">
<xs:annotation>
<xs:documentation>审核日期</xs:documentation>
</xs:annotation>
</xs:attribute>
<xs:attribute name="CompileExplain" type="xs:string">
<xs:annotation>
<xs:documentation>编制说明</xs:documentation>
</xs:annotation>
</xs:attribute>
<xs:attribute name="ExamineExplain" type="xs:string">
<xs:annotation>
<xs:documentation>审核说明</xs:documentation>
</xs:annotation>
</xs:attribute>
<xs:attribute name="ProjectExplain" type="xs:string">
<xs:annotation>
<xs:documentation>工程说明</xs:documentation>
</xs:annotation>
</xs:attribute>
</xs:extension>
</xs:complexContent>
</xs:complexType>
```

```xml
</xs:element>
<xs:element name="Params" maxOccurs="1" minOccurs="1">
<xs:annotation>
<xs:documentation>工程参数</xs:documentation>
</xs:annotation>
<xs:complexType>
<xs:complexContent>
<xs:extension base="BaseType">
<xs:attribute name="PrjArea" type="xs:string" use="required">
<xs:annotation>
<xs:documentation>工程所在地</xs:documentation>
</xs:annotation>
</xs:attribute>
<xs:attribute name="StartPileNo" type="xs:string">
<xs:annotation>
<xs:documentation>起点桩号</xs:documentation>
</xs:annotation>
</xs:attribute>
<xs:attribute name="EndPileNo" type="xs:string">
<xs:annotation>
<xs:documentation>终点桩号</xs:documentation>
</xs:annotation>
</xs:attribute>
<xs:attribute name="BuildType" type="xs:integer" use="required">
<xs:annotation>
<xs:documentation>建设性质</xs:documentation>
</xs:annotation>
</xs:attribute>
<xs:attribute name="Terrain" type="xs:integer" use="required">
<xs:annotation>
<xs:documentation>地形类别</xs:documentation>
</xs:annotation>
</xs:attribute>
<xs:attribute name="RoadGrade" type="xs:integer" use="required">
<xs:annotation>
<xs:documentation>公路技术等级</xs:documentation>
```

```xml
</xs:annotation>
</xs:attribute>
<xs:attribute name="DesignSpeed" type="xs:string" use="required">
<xs:annotation>
<xs:documentation>设计时速</xs:documentation>
</xs:annotation>
</xs:attribute>
<xs:attribute name="Structure" type="xs:integer" use="required">
<xs:annotation>
<xs:documentation>路面结构</xs:documentation>
</xs:annotation>
</xs:attribute>
<xs:attribute name="SubgradeWidth" type="xs:double" use="required">
<xs:annotation>
<xs:documentation>路基宽度</xs:documentation>
</xs:annotation>
</xs:attribute>
<xs:attribute name="RoadLength" type="xs:double" use="required">
<xs:annotation>
<xs:documentation>路线长度</xs:documentation>
</xs:annotation>
</xs:attribute>
<xs:attribute name="BridgeLength" type="xs:double" use="required">
<xs:annotation>
<xs:documentation>桥梁长度</xs:documentation>
</xs:annotation>
</xs:attribute>
<xs:attribute name="TunnelLength" type="xs:double" use="required">
<xs:annotation>
<xs:documentation>隧道长度</xs:documentation>
</xs:annotation>
</xs:attribute>
<xs:attribute name="BriTunRate" type="xs:double" use="required">
<xs:annotation>
<xs:documentation>桥隧比</xs:documentation>
</xs:annotation>
```

```xml
</xs:attribute>
<xs:attribute name="InterchangeNum" type="xs:double" use="required">
<xs:annotation>
<xs:documentation>互通式立交数</xs:documentation>
</xs:annotation>
</xs:attribute>
<xs:attribute name="StubLengths" type="xs:double" use="required">
<xs:annotation>
<xs:documentation>支线、联络线长度</xs:documentation>
</xs:annotation>
</xs:attribute>
<xs:attribute name="LaneLength" type="xs:double" use="required">
<xs:annotation>
<xs:documentation>辅道、连接线长度</xs:documentation>
</xs:annotation>
</xs:attribute>
<xs:attribute name="RisingRate" type="xs:double" use="required">
<xs:annotation>
<xs:documentation>年造价上涨率</xs:documentation>
</xs:annotation>
</xs:attribute>
<xs:attribute name="RisingYears" type="xs:double" use="required">
<xs:annotation>
<xs:documentation>上涨计费年限</xs:documentation>
</xs:annotation>
</xs:attribute>
<xs:attribute name="RateNo" type="xs:string" use="required">
<xs:annotation>
<xs:documentation>费率文件编号</xs:documentation>
</xs:annotation>
</xs:attribute>
<xs:attribute name="PractNo" type="xs:string" use="required">
<xs:annotation>
<xs:documentation>工料机单价文件编号</xs:documentation>
</xs:annotation>
</xs:attribute>
```

```
</xs:extension>
</xs:complexContent>
</xs:complexType>
</xs:element>
<xs:element name="Items" maxOccurs="unbounded" minOccurs="1">
<xs:annotation>
<xs:documentation>要素项目(清单)造价文件</xs:documentation>
</xs:annotation>
<xs:complexType>
<xs:complexContent>
<xs:extension base="BaseType">
<xs:sequence>
<xs:element name="Item" maxOccurs="unbounded" minOccurs="0">
<xs:annotation>
<xs:documentation>要素项目(清单)表</xs:documentation>
</xs:annotation>
<xs:complexType>
<xs:complexContent>
<xs:extension base="BaseType">
</xs:extension>
</xs:complexContent>
</xs:complexType>
</xs:element>
</xs:sequence>
</xs:extension>
</xs:complexContent>
</xs:complexType>
</xs:element>
</xs:sequence>
<xs:attribute name="Name" type="xs:string" use="required">
<xs:annotation>
<xs:documentation>项目分段名称</xs:documentation>
</xs:annotation>
</xs:attribute>
<xs:attribute name="Sums" type="xs:double" use="required">
<xs:annotation>
```

```
<xs:documentation>项目分段总造价</xs:documentation>
</xs:annotation>
</xs:attribute>
</xs:extension>
</xs:complexContent>
</xs:complexType>
</xs:element>
<xs:element name="Indexs" maxOccurs="1" minOccurs="1">
<xs:annotation>
<xs:documentation>项目造价指标</xs:documentation>
</xs:annotation>
<xs:complexType>
<xs:complexContent>
<xs:extension base="BaseType">
<xs:sequence>
<xs:element name="IndexItem" maxOccurs="unbounded" minOccurs="1">
<xs:annotation>
<xs:documentation>指标项</xs:documentation>
</xs:annotation>
<xs:complexType>
<xs:complexContent>
<xs:extension base="BaseType">
<xs:attribute name="Code" type="xs:string" use="required">
<xs:annotation>
<xs:documentation>指标编码</xs:documentation>
</xs:annotation>
</xs:attribute>
<xs:attribute name="Name" type="xs:string" use="required">
<xs:annotation>
<xs:documentation>指标名称</xs:documentation>
</xs:annotation>
</xs:attribute>
<xs:attribute name="Unit" type="xs:string">
<xs:annotation>
<xs:documentation>单位</xs:documentation>
</xs:annotation>
```

```xml
</xs:attribute>
<xs:attribute name="Value" type="xs:string">
<xs:annotation>
<xs:documentation>指标值</xs:documentation>
</xs:annotation>
</xs:attribute>
<xs:attribute name="Remark" type="xs:string">
<xs:annotation>
<xs:documentation>备注</xs:documentation>
</xs:annotation>
</xs:attribute>
</xs:extension>
</xs:complexContent>
</xs:complexType>
</xs:element>
</xs:sequence>
</xs:extension>
</xs:complexContent>
</xs:complexType>
</xs:element>
</xs:sequence>
<xs:attribute name="CprjName" type="xs:string" use="required">
<xs:annotation>
<xs:documentation>建设项目名称</xs:documentation>
</xs:annotation>
</xs:attribute>
<xs:attribute name="CprjType" type="xs:string" use="required">
<xs:annotation>
<xs:documentation>造价类型编码</xs:documentation>
</xs:annotation>
</xs:attribute>
<xs:attribute name="InvestType" type="xs:string">
<xs:annotation>
<xs:documentation>投资模式</xs:documentation>
</xs:annotation>
</xs:attribute>
```

```xml
</xs:extension>
</xs:complexContent>
</xs:complexType>
</xs:element>
</xs:schema>
```

A.0.3 工程决算成果数据 XML Schema

```xml
<?xml version="1.0" encoding="UTF-8" ?>
<xs:schema elementFormDefault="qualified" xmlns:xs="http://www.w3.org/2001/XMLSchema">
<xs:complexType name="BaseType">
<xs:annotation>
<xs:documentation>基类元素</xs:documentation>
</xs:annotation>
<xs:sequence>
<xs:element name="CustomData" maxOccurs="unbounded" minOccurs="0">
<xs:annotation>
<xs:documentation>自定义数据</xs:documentation>
</xs:annotation>
<xs:complexType>
<xs:attribute name="Id" type="xs:string" use="required">
<xs:annotation>
<xs:documentation>数据内部编码</xs:documentation>
</xs:annotation>
</xs:attribute>
<xs:attribute name="DataName" type="xs:string" use="required">
<xs:annotation>
<xs:documentation>数据名称</xs:documentation>
</xs:annotation>
</xs:attribute>
<xs:attribute name="DataValue" type="xs:string" use="required">
<xs:annotation>
<xs:documentation>数据值</xs:documentation>
</xs:annotation>
</xs:attribute>
<xs:attribute name="PId" type="xs:string" use="required">
<xs:annotation>
```

```xml
<xs:documentation>父结点 ID</xs:documentation>
</xs:annotation>
</xs:attribute>
</xs:complexType>
</xs:element>
</xs:sequence>
<xs:attribute name="KeyId" type="xs:string" use="required">
<xs:annotation>
<xs:documentation>实体主键</xs:documentation>
</xs:annotation>
</xs:attribute>
</xs:complexType>
<xs:complexType name="ItemsBase">
<xs:annotation>
<xs:documentation>费用要素项目（清单）基类</xs:documentation>
</xs:annotation>
<xs:complexContent>
<xs:extension base="BaseType">
<xs:sequence>
<xs:element name="Items" type="ItemsBase">
<xs:annotation>
<xs:documentation>费用要素项目（清单）表</xs:documentation>
</xs:annotation>
</xs:element>
</xs:sequence>
<xs:attribute name="Code" type="xs:string">
<xs:annotation>
<xs:documentation>费用要素项目（清单）编码</xs:documentation>
</xs:annotation>
</xs:attribute>
<xs:attribute name="Name" type="xs:string" use="required">
<xs:annotation>
<xs:documentation>费用要素项目（清单）名称</xs:documentation>
</xs:annotation>
</xs:attribute>
<xs:attribute name="Unit1" type="xs:string" use="required">
```

```
<xs:annotation>
<xs:documentation>单位1</xs:documentation>
</xs:annotation>
</xs:attribute>
<xs:attribute name="Unit2" type="xs:string">
<xs:annotation>
<xs:documentation>单位2</xs:documentation>
</xs:annotation>
</xs:attribute>
</xs:extension>
</xs:complexContent>
</xs:complexType>
<xs:element name="CprjInfo">
<xs:annotation>
<xs:documentation>建设项目</xs:documentation>
</xs:annotation>
<xs:complexType>
<xs:complexContent>
<xs:extension base="BaseType">
<xs:sequence>
<xs:element name="SystemInfo" maxOccurs="1" minOccurs="1">
<xs:annotation>
<xs:documentation>基本信息</xs:documentation>
</xs:annotation>
<xs:complexType>
<xs:complexContent>
<xs:extension base="BaseType">
<xs:attribute name="Name" type="xs:string" use="required">
<xs:annotation>
<xs:documentation>标准名称</xs:documentation>
</xs:annotation>
</xs:attribute>
<xs:attribute name="Version" type="xs:string" use="required">
<xs:annotation>
<xs:documentation>标准版本</xs:documentation>
</xs:annotation>
```

```
</xs:attribute>
<xs:attribute name="SoftwareName" type="xs:string" use="required">
<xs:annotation>
<xs:documentation>软件名称</xs:documentation>
</xs:annotation>
</xs:attribute>
<xs:attribute name="SoftwareVer" type="xs:string" use="required">
<xs:annotation>
<xs:documentation>软件版本</xs:documentation>
</xs:annotation>
</xs:attribute>
<xs:attribute name="SoftwareCompany" type="xs:string" use="required">
<xs:annotation>
<xs:documentation>软件公司名称</xs:documentation>
</xs:annotation>
</xs:attribute>
<xs:attribute name="MakeDate" type="xs:dateTime" use="required">
<xs:annotation>
<xs:documentation>文件生成时间</xs:documentation>
</xs:annotation>
</xs:attribute>
</xs:extension>
</xs:complexContent>
</xs:complexType>
</xs:element>
<xs:element name="CprjBasis">
<xs:annotation>
<xs:documentation>建设项目概况</xs:documentation>
</xs:annotation>
<xs:complexType>
<xs:complexContent>
<xs:extension base="BaseType">
<xs:sequence>
<xs:element name="CprjBasic">
<xs:annotation>
<xs:documentation>工程概况</xs:documentation>
```

```
</xs:annotation>
<xs:complexType>
<xs:complexContent>
<xs:extension base="BaseType">
<xs:attribute name="Type" type="xs:string" use="required">
<xs:annotation>
<xs:documentation>项目类型</xs:documentation>
</xs:annotation>
</xs:attribute>
<xs:attribute name="InvestmentMode" type="xs:string" use="required">
<xs:annotation>
<xs:documentation>投资模式</xs:documentation>
</xs:annotation>
</xs:attribute>
<xs:attribute name="Pilenumber" type="xs:string" use="required">
<xs:annotation>
<xs:documentation>起止桩号</xs:documentation>
</xs:annotation>
</xs:attribute>
<xs:attribute name="TotalSum" type="xs:double" use="required">
<xs:annotation>
<xs:documentation>决算总金额</xs:documentation>
</xs:annotation>
</xs:attribute>
<xs:attribute name="InstallationSum" type="xs:double" use="required">
<xs:annotation>
<xs:documentation>决算建安费</xs:documentation>
</xs:annotation>
</xs:attribute>
<xs:attribute name="PlanStartDate" type="xs:dateTime" use="required">
<xs:annotation>
<xs:documentation>计划开始时间</xs:documentation>
</xs:annotation>
</xs:attribute>
<xs:attribute name="PlanEndDate" type="xs:dateTime" use="required">
<xs:annotation>
```

```xml
<xs:documentation>计划竣工时间</xs:documentation>
</xs:annotation>
</xs:attribute>
<xs:attribute name="ActualStartDate" type="xs:dateTime" use="required">
<xs:annotation>
<xs:documentation>实际开始时间</xs:documentation>
</xs:annotation>
</xs:attribute>
<xs:attribute name="ActualEndDate" type="xs:dateTime" use="required">
<xs:annotation>
<xs:documentation>实际竣工时间</xs:documentation>
</xs:annotation>
</xs:attribute>
<xs:attribute name="DesignOrgan" type="xs:string" use="required">
<xs:annotation>
<xs:documentation>初步设计审批机关</xs:documentation>
</xs:annotation>
</xs:attribute>
<xs:attribute name="DesigDate" type="xs:dateTime" use="required">
<xs:annotation>
<xs:documentation>初步设计审批时间</xs:documentation>
</xs:annotation>
</xs:attribute>
<xs:attribute name="DesigNo" type="xs:string" use="required">
<xs:annotation>
<xs:documentation>初步设计审批文号</xs:documentation>
</xs:annotation>
</xs:attribute>
<xs:attribute name="Manage" type="xs:string" use="required">
<xs:annotation>
<xs:documentation>建设项目法人</xs:documentation>
</xs:annotation>
</xs:attribute>
</xs:extension>
</xs:complexContent>
</xs:complexType>
```

```
</xs:element>
<xs:element name="CprjIndexs" maxOccurs="1" minOccurs="1">
<xs:annotation>
<xs:documentation>主要技术指标</xs:documentation>
</xs:annotation>
<xs:complexType>
<xs:complexContent>
<xs:extension base="BaseType">
<xs:sequence>
<xs:element name="CprjIndex" maxOccurs="unbounded" minOccurs="1">
<xs:annotation>
<xs:documentation>主要技术指标明细</xs:documentation>
</xs:annotation>
<xs:complexType>
<xs:complexContent>
<xs:extension base="BaseType">
<xs:attribute name="Code" type="xs:string" use="required">
<xs:annotation>
<xs:documentation>指标编码</xs:documentation>
</xs:annotation>
</xs:attribute>
<xs:attribute name="Name" type="xs:string" use="required">
<xs:annotation>
<xs:documentation>指标名称</xs:documentation>
</xs:annotation>
</xs:attribute>
<xs:attribute name="Value" type="xs:double" use="required">
<xs:annotation>
<xs:documentation>指标值</xs:documentation>
</xs:annotation>
</xs:attribute>
</xs:extension>
</xs:complexContent>
</xs:complexType>
</xs:element>
</xs:sequence>
```

```
</xs:extension>
</xs:complexContent>
</xs:complexType>
</xs:element>
<xs:element name="CprjCosts" maxOccurs="unbounded" minOccurs="1">
<xs:annotation>
<xs:documentation>费用情况</xs:documentation>
</xs:annotation>
<xs:complexType>
<xs:complexContent>
<xs:extension base="BaseType">
<xs:sequence>
<xs:element name="CprjCost" maxOccurs="1" minOccurs="1">
<xs:annotation>
<xs:documentation>费用情况明细</xs:documentation>
</xs:annotation>
<xs:complexType>
<xs:complexContent>
<xs:extension base="BaseType">
<xs:attribute name="Code" type="xs:string" use="required">
<xs:annotation>
<xs:documentation>费用编码</xs:documentation>
</xs:annotation>
</xs:attribute>
<xs:attribute name="Name" type="xs:string" use="required">
<xs:annotation>
<xs:documentation>费用名称</xs:documentation>
</xs:annotation>
</xs:attribute>
<xs:attribute name="SjgsSum" type="xs:double" use="required">
<xs:annotation>
<xs:documentation>批准概预算</xs:documentation>
</xs:annotation>
</xs:attribute>
<xs:attribute name="GcjsSum" type="xs:double" use="required">
<xs:annotation>
```

```xml
<xs:documentation>工程决算</xs:documentation>
</xs:annotation>
</xs:attribute>
<xs:attribute name="MoreLess" type="xs:double" use="required">
<xs:annotation>
<xs:documentation>净增减</xs:documentation>
</xs:annotation>
</xs:attribute>
</xs:extension>
</xs:complexContent>
</xs:complexType>
</xs:element>
</xs:sequence>
</xs:extension>
</xs:complexContent>
</xs:complexType>
</xs:element>
<xs:element name="CprjNums">
<xs:annotation>
<xs:documentation>主要工程量</xs:documentation>
</xs:annotation>
<xs:complexType>
<xs:complexContent>
<xs:extension base="BaseType">
<xs:sequence>
<xs:element name="CprjNum">
<xs:annotation>
<xs:documentation>主要工程量明细</xs:documentation>
</xs:annotation>
<xs:complexType>
<xs:complexContent>
<xs:extension base="BaseType">
<xs:attribute name="Code" type="xs:string" use="required">
<xs:annotation>
<xs:documentation>主要分部工程编码</xs:documentation>
</xs:annotation>
```

```
</xs:attribute>
<xs:attribute name="Name" type="xs:string" use="required">
<xs:annotation>
<xs:documentation>主要分部工程名称</xs:documentation>
</xs:annotation>
</xs:attribute>
<xs:attribute name="Unit" type="xs:string" use="required">
<xs:annotation>
<xs:documentation>单位</xs:documentation>
</xs:annotation>
</xs:attribute>
<xs:attribute name="DesignNum" type="xs:double" use="required">
<xs:annotation>
<xs:documentation>设计工程量</xs:documentation>
</xs:annotation>
</xs:attribute>
<xs:attribute name="FinishNum" type="xs:double" use="required">
<xs:annotation>
<xs:documentation>完成工程量</xs:documentation>
</xs:annotation>
</xs:attribute>
</xs:extension>
</xs:complexContent>
</xs:complexType>
</xs:element>
</xs:sequence>
</xs:extension>
</xs:complexContent>
</xs:complexType>
</xs:element>
</xs:sequence>
<xs:attribute name="CompileApprover" type="xs:string" use="required">
<xs:annotation>
<xs:documentation>编制人</xs:documentation>
</xs:annotation>
</xs:attribute>
```

```xml
<xs:attribute name="CompileDate" type="xs:dateTime" use="required">
<xs:annotation>
<xs:documentation>编制时间</xs:documentation>
</xs:annotation>
</xs:attribute>
<xs:attribute name="ReviewApprover" type="xs:string" use="required">
<xs:annotation>
<xs:documentation>复核人</xs:documentation>
</xs:annotation>
</xs:attribute>
<xs:attribute name="ReviewDate" type="xs:dateTime" use="required">
<xs:annotation>
<xs:documentation>复核时间</xs:documentation>
</xs:annotation>
</xs:attribute>
<xs:attribute name="ExamineApprover" type="xs:string" use="required">
<xs:annotation>
<xs:documentation>审核人</xs:documentation>
</xs:annotation>
</xs:attribute>
<xs:attribute name="ExamineDate" type="xs:dateTime" use="required">
<xs:annotation>
<xs:documentation>审核时间</xs:documentation>
</xs:annotation>
</xs:attribute>
</xs:extension>
</xs:complexContent>
</xs:complexType>
</xs:element>
<xs:element name="FinancialAccounts">
<xs:annotation>
<xs:documentation>财务总决算</xs:documentation>
</xs:annotation>
<xs:complexType>
<xs:complexContent>
<xs:extension base="BaseType">
```

```
<xs:sequence>
<xs:element name="FinancialAccount">
<xs:annotation>
<xs:documentation>财务决算明细</xs:documentation>
</xs:annotation>
<xs:complexType>
<xs:complexContent>
<xs:extension base="BaseType">
<xs:attribute name="No" type="xs:string" use="required">
<xs:annotation>
<xs:documentation>序号</xs:documentation>
</xs:annotation>
</xs:attribute>
<xs:attribute name="MoneySource" type="xs:string" use="required">
<xs:annotation>
<xs:documentation>资金来源</xs:documentation>
</xs:annotation>
</xs:attribute>
<xs:attribute name="Sum" type="xs:double" use="required">
<xs:annotation>
<xs:documentation>金额</xs:documentation>
</xs:annotation>
</xs:attribute>
<xs:attribute name="MoneyOccupy" type="xs:string" use="required">
<xs:annotation>
<xs:documentation>资金占用</xs:documentation>
</xs:annotation>
</xs:attribute>
<xs:attribute name="Sum1" type="xs:double" use="required">
<xs:annotation>
<xs:documentation>金额1</xs:documentation>
</xs:annotation>
</xs:attribute>
</xs:extension>
</xs:complexContent>
</xs:complexType>
```

```xml
</xs:element>
</xs:sequence>
</xs:extension>
</xs:complexContent>
</xs:complexType>
</xs:element>
<xs:element name="ContrastTables">
<xs:annotation>
<xs:documentation>工程总决算</xs:documentation>
</xs:annotation>
<xs:complexType>
<xs:complexContent>
<xs:extension base="BaseType">
<xs:sequence>
<xs:element name="ContrastTable">
<xs:annotation>
<xs:documentation>工程总决算明细</xs:documentation>
</xs:annotation>
<xs:complexType>
<xs:complexContent>
<xs:extension base="BaseType">
<xs:sequence>
<xs:element name="Gkgs">
<xs:annotation>
<xs:documentation>估算</xs:documentation>
</xs:annotation>
<xs:complexType>
<xs:complexContent>
<xs:extension base="BaseType">
<xs:attribute name="Num1" type="xs:double" use="required">
<xs:annotation>
<xs:documentation>数量1</xs:documentation>
</xs:annotation>
</xs:attribute>
<xs:attribute name="Num2" type="xs:double">
<xs:annotation>
```

```xml
        <xs:documentation>数量2</xs:documentation>
      </xs:annotation>
    </xs:attribute>
    <xs:attribute name="Price1" type="xs:double" use="required">
      <xs:annotation>
        <xs:documentation>单价1</xs:documentation>
      </xs:annotation>
    </xs:attribute>
    <xs:attribute name="Price2" type="xs:double">
      <xs:annotation>
        <xs:documentation>单价2</xs:documentation>
      </xs:annotation>
    </xs:attribute>
    <xs:attribute name="Sum" type="xs:double" use="required">
      <xs:annotation>
        <xs:documentation>估算金额</xs:documentation>
      </xs:annotation>
    </xs:attribute>
    <xs:attribute name="Codes" type="xs:string" use="required">
      <xs:annotation>
        <xs:documentation>对应要素费用项目（清单）编码</xs:documentation>
      </xs:annotation>
    </xs:attribute>
  </xs:extension>
</xs:complexContent>
</xs:complexType>
</xs:element>
<xs:element name="Sjgs">
  <xs:annotation>
    <xs:documentation>概算</xs:documentation>
  </xs:annotation>
  <xs:complexType>
    <xs:complexContent>
      <xs:extension base="BaseType">
        <xs:attribute name="Num1" type="xs:double" use="required">
          <xs:annotation>
```

```
      <xs:documentation>数量 1</xs:documentation>
    </xs:annotation>
  </xs:attribute>
  <xs:attribute name="Num2" type="xs:double">
    <xs:annotation>
      <xs:documentation>数量 2</xs:documentation>
    </xs:annotation>
  </xs:attribute>
  <xs:attribute name="Price1" type="xs:double" use="required">
    <xs:annotation>
      <xs:documentation>单价 1</xs:documentation>
    </xs:annotation>
  </xs:attribute>
  <xs:attribute name="Price2" type="xs:double">
    <xs:annotation>
      <xs:documentation>单价 2</xs:documentation>
    </xs:annotation>
  </xs:attribute>
  <xs:attribute name="Sum" type="xs:double" use="required">
    <xs:annotation>
      <xs:documentation>概算金额</xs:documentation>
    </xs:annotation>
  </xs:attribute>
  <xs:attribute name="Codes" type="xs:string" use="required">
    <xs:annotation>
      <xs:documentation>对应要素费用项目（清单）编码</xs:documentation>
    </xs:annotation>
  </xs:attribute>
</xs:extension>
</xs:complexContent>
</xs:complexType>
</xs:element>
<xs:element name="Sgys">
  <xs:annotation>
    <xs:documentation>预算</xs:documentation>
  </xs:annotation>
```

```
<xs:complexType>
<xs:complexContent>
<xs:extension base="BaseType">
<xs:attribute name="Num1" type="xs:double" use="required">
<xs:annotation>
<xs:documentation>数量1</xs:documentation>
</xs:annotation>
</xs:attribute>
<xs:attribute name="Num2" type="xs:double">
<xs:annotation>
<xs:documentation>数量2</xs:documentation>
</xs:annotation>
</xs:attribute>
<xs:attribute name="Price1" type="xs:double" use="required">
<xs:annotation>
<xs:documentation>单价1</xs:documentation>
</xs:annotation>
</xs:attribute>
<xs:attribute name="Price2" type="xs:double">
<xs:annotation>
<xs:documentation>单价2</xs:documentation>
</xs:annotation>
</xs:attribute>
<xs:attribute name="Sum" type="xs:double" use="required">
<xs:annotation>
<xs:documentation>预算金额</xs:documentation>
</xs:annotation>
</xs:attribute>
<xs:attribute name="Codes" type="xs:string" use="required">
<xs:annotation>
<xs:documentation>对应要素费用项目（清单）编码</xs:documentation>
</xs:annotation>
</xs:attribute>
</xs:extension>
</xs:complexContent>
</xs:complexType>
```

```
</xs:element>
<xs:element name="Gcht">
<xs:annotation>
<xs:documentation>工程合同</xs:documentation>
</xs:annotation>
<xs:complexType>
<xs:complexContent>
<xs:extension base="BaseType">
<xs:attribute name="Num1" type="xs:double" use="required">
<xs:annotation>
<xs:documentation>数量1</xs:documentation>
</xs:annotation>
</xs:attribute>
<xs:attribute name="Num2" type="xs:double">
<xs:annotation>
<xs:documentation>数量2</xs:documentation>
</xs:annotation>
</xs:attribute>
<xs:attribute name="Price1" type="xs:double" use="required">
<xs:annotation>
<xs:documentation>单价1</xs:documentation>
</xs:annotation>
</xs:attribute>
<xs:attribute name="Price2" type="xs:double">
<xs:annotation>
<xs:documentation>单价2</xs:documentation>
</xs:annotation>
</xs:attribute>
<xs:attribute name="Sum" type="xs:double" use="required">
<xs:annotation>
<xs:documentation>合同金额</xs:documentation>
</xs:annotation>
</xs:attribute>
<xs:attribute name="Codes" type="xs:string" use="required">
<xs:annotation>
<xs:documentation>对应合同项目节编码</xs:documentation>
```

```
</xs:annotation>
</xs:attribute>
</xs:extension>
</xs:complexContent>
</xs:complexType>
</xs:element>
<xs:element name="Gcjs">
<xs:annotation>
<xs:documentation>决算</xs:documentation>
</xs:annotation>
<xs:complexType>
<xs:complexContent>
<xs:extension base="BaseType">
<xs:attribute name="Num1" type="xs:double" use="required">
<xs:annotation>
<xs:documentation>数量1</xs:documentation>
</xs:annotation>
</xs:attribute>
<xs:attribute name="Num2" type="xs:double">
<xs:annotation>
<xs:documentation>数量2</xs:documentation>
</xs:annotation>
</xs:attribute>
<xs:attribute name="Price1" type="xs:double" use="required">
<xs:annotation>
<xs:documentation>单价1</xs:documentation>
</xs:annotation>
</xs:attribute>
<xs:attribute name="Price2" type="xs:double">
<xs:annotation>
<xs:documentation>单价2</xs:documentation>
</xs:annotation>
</xs:attribute>
<xs:attribute name="Sum" type="xs:double" use="required">
<xs:annotation>
<xs:documentation>决算金额</xs:documentation>
```

```
    </xs:annotation>
  </xs:attribute>
  <xs:attribute name="Codes" type="xs:string" use="required">
    <xs:annotation>
      <xs:documentation>对应要素费用项目(清单)编码</xs:documentation>
    </xs:annotation>
  </xs:attribute>
</xs:extension>
</xs:complexContent>
</xs:complexType>
</xs:element>
</xs:sequence>
<xs:attribute name="Code" type="xs:string" use="required">
  <xs:annotation>
    <xs:documentation>分项编码</xs:documentation>
  </xs:annotation>
</xs:attribute>
<xs:attribute name="Name" type="xs:string" use="required">
  <xs:annotation>
    <xs:documentation>工程或费用名称</xs:documentation>
  </xs:annotation>
</xs:attribute>
<xs:attribute name="Unit1" type="xs:string" use="required">
  <xs:annotation>
    <xs:documentation>单位1</xs:documentation>
  </xs:annotation>
</xs:attribute>
<xs:attribute name="Unit2" type="xs:string">
  <xs:annotation>
    <xs:documentation>单位2</xs:documentation>
  </xs:annotation>
</xs:attribute>
</xs:extension>
</xs:complexContent>
</xs:complexType>
</xs:element>
```

```xml
</xs:sequence>
</xs:extension>
</xs:complexContent>
</xs:complexType>
</xs:element>
<xs:element name="CprjInvest">
<xs:annotation>
<xs:documentation>建设项目前期投资控制</xs:documentation>
</xs:annotation>
<xs:complexType>
<xs:complexContent>
<xs:extension base="BaseType">
<xs:sequence>
<xs:element name="Gkgs" maxOccurs="unbounded" minOccurs="1">
<xs:annotation>
<xs:documentation>工可估算</xs:documentation>
</xs:annotation>
<xs:complexType>
<xs:complexContent>
<xs:extension base="BaseType">
<xs:sequence>
<xs:element name="GkgsItem">
<xs:annotation>
<xs:documentation>工可估算项目节</xs:documentation>
</xs:annotation>
<xs:complexType>
<xs:complexContent>
<xs:extension base="ItemsBase">
<xs:annotation>
<xs:documentation>费用要素项目（清单）基类</xs:documentation>
</xs:annotation>
<xs:attribute name="SystemCode" type="xs:string" use="required">
<xs:annotation>
<xs:documentation>估算项目节内部编码</xs:documentation>
</xs:annotation>
</xs:attribute>
```

```xml
<xs:attribute name="Num1" type="xs:double" use="required">
<xs:annotation>
<xs:documentation>数量1</xs:documentation>
</xs:annotation>
</xs:attribute>
<xs:attribute name="Num2" type="xs:double">
<xs:annotation>
<xs:documentation>数量2</xs:documentation>
</xs:annotation>
</xs:attribute>
<xs:attribute name="Price1" type="xs:double" use="required">
<xs:annotation>
<xs:documentation>单价1</xs:documentation>
</xs:annotation>
</xs:attribute>
<xs:attribute name="Price2" type="xs:double">
<xs:annotation>
<xs:documentation>单价2</xs:documentation>
</xs:annotation>
</xs:attribute>
<xs:attribute name="Sum" type="xs:double" use="required">
<xs:annotation>
<xs:documentation>金额</xs:documentation>
</xs:annotation>
</xs:attribute>
</xs:extension>
</xs:complexContent>
</xs:complexType>
</xs:element>
</xs:sequence>
</xs:extension>
</xs:complexContent>
</xs:complexType>
</xs:element>
<xs:element name="Sjgs">
<xs:annotation>
```

```
<xs:documentation>初步设计概算</xs:documentation>
</xs:annotation>
<xs:complexType>
<xs:complexContent>
<xs:extension base="BaseType">
<xs:sequence>
<xs:element name="SjgsItem">
<xs:annotation>
<xs:documentation>初步设计概算项目节</xs:documentation>
</xs:annotation>
<xs:complexType>
<xs:complexContent>
<xs:extension base="ItemsBase">
<xs:annotation>
<xs:documentation>费用要素项目(清单)基类</xs:documentation>
</xs:annotation>
<xs:attribute name="SystemCode" type="xs:string" use="required">
<xs:annotation>
<xs:documentation>概算项目节内部编码</xs:documentation>
</xs:annotation>
</xs:attribute>
<xs:attribute name="Num1" type="xs:double" use="required">
<xs:annotation>
<xs:documentation>数量1</xs:documentation>
</xs:annotation>
</xs:attribute>
<xs:attribute name="Num2" type="xs:double">
<xs:annotation>
<xs:documentation>数量2</xs:documentation>
</xs:annotation>
</xs:attribute>
<xs:attribute name="Price1" type="xs:double" use="required">
<xs:annotation>
<xs:documentation>单价1</xs:documentation>
</xs:annotation>
</xs:attribute>
```

```xml
<xs:attribute name="Price2" type="xs:double">
<xs:annotation>
<xs:documentation>单价2</xs:documentation>
</xs:annotation>
</xs:attribute>
<xs:attribute name="Sum" type="xs:double" use="required">
<xs:annotation>
<xs:documentation>金额</xs:documentation>
</xs:annotation>
</xs:attribute>
</xs:extension>
</xs:complexContent>
</xs:complexType>
</xs:element>
</xs:sequence>
</xs:extension>
</xs:complexContent>
</xs:complexType>
</xs:element>
<xs:element name="Sgys">
<xs:annotation>
<xs:documentation>施工图预算</xs:documentation>
</xs:annotation>
<xs:complexType>
<xs:complexContent>
<xs:extension base="BaseType">
<xs:sequence>
<xs:element name="SgysItem">
<xs:annotation>
<xs:documentation>施工图预算项目节</xs:documentation>
</xs:annotation>
<xs:complexType>
<xs:complexContent>
<xs:extension base="ItemsBase">
<xs:annotation>
<xs:documentation>费用要素项目（清单）基类</xs:documentation>
```

```
</xs:annotation>
<xs:attribute name="SystemCode" type="xs:string" use="required">
<xs:annotation>
<xs:documentation>预算项目节内部编码</xs:documentation>
</xs:annotation>
</xs:attribute>
<xs:attribute name="Num1" type="xs:double" use="required">
<xs:annotation>
<xs:documentation>数量1</xs:documentation>
</xs:annotation>
</xs:attribute>
<xs:attribute name="Num2" type="xs:double">
<xs:annotation>
<xs:documentation>数量2</xs:documentation>
</xs:annotation>
</xs:attribute>
<xs:attribute name="Price1" type="xs:double" use="required">
<xs:annotation>
<xs:documentation>单价1</xs:documentation>
</xs:annotation>
</xs:attribute>
<xs:attribute name="Price2" type="xs:double">
<xs:annotation>
<xs:documentation>单价2</xs:documentation>
</xs:annotation>
</xs:attribute>
<xs:attribute name="Sum" type="xs:double" use="required">
<xs:annotation>
<xs:documentation>金额</xs:documentation>
</xs:annotation>
</xs:attribute>
</xs:extension>
</xs:complexContent>
</xs:complexType>
</xs:element>
</xs:sequence>
```

```xml
</xs:extension>
</xs:complexContent>
</xs:complexType>
</xs:element>
</xs:sequence>
</xs:extension>
</xs:complexContent>
</xs:complexType>
</xs:element>
<xs:element name="SummaryTables">
<xs:annotation>
<xs:documentation>建设项目建安工程决算汇总表</xs:documentation>
</xs:annotation>
<xs:complexType>
<xs:complexContent>
<xs:extension base="BaseType">
<xs:sequence>
<xs:element name="SummaryTable">
<xs:annotation>
<xs:documentation>建设项目建安工程决算明细</xs:documentation>
</xs:annotation>
<xs:complexType>
<xs:complexContent>
<xs:extension base="ItemsBase">
<xs:annotation>
<xs:documentation>费用要素项目（清单）基类</xs:documentation>
</xs:annotation>
<xs:attribute name="TotalNum" type="xs:double" use="required">
<xs:annotation>
<xs:documentation>合计工程量</xs:documentation>
</xs:annotation>
</xs:attribute>
<xs:attribute name="TotalSum" type="xs:double" use="required">
<xs:annotation>
<xs:documentation>合计金额</xs:documentation>
</xs:annotation>
```

```xml
</xs:attribute>
<xs:attribute name="AveragePrice" type="xs:double" use="required">
<xs:annotation>
<xs:documentation>平均单价</xs:documentation>
</xs:annotation>
</xs:attribute>
</xs:extension>
</xs:complexContent>
</xs:complexType>
</xs:element>
</xs:sequence>
<xs:attribute name="ChangeSum" type="xs:double">
<xs:annotation>
<xs:documentation>变更引起调整合计</xs:documentation>
</xs:annotation>
</xs:attribute>
<xs:attribute name="MpriceSum" type="xs:double">
<xs:annotation>
<xs:documentation>工程项目调价合计</xs:documentation>
</xs:annotation>
</xs:attribute>
<xs:attribute name="ClaimSum" type="xs:double">
<xs:annotation>
<xs:documentation>工程项目索赔合计</xs:documentation>
</xs:annotation>
</xs:attribute>
<xs:attribute name="DayworkSum" type="xs:double">
<xs:annotation>
<xs:documentation>计日工支出合计</xs:documentation>
</xs:annotation>
</xs:attribute>
<xs:attribute name="TotalSum" type="xs:double" use="required">
<xs:annotation>
<xs:documentation>金额合计</xs:documentation>
</xs:annotation>
</xs:attribute>
```

```xml
<xs:attribute name="InstallationSum" type="xs:double" use="required">
<xs:annotation>
<xs:documentation>建安决算总金额</xs:documentation>
</xs:annotation>
</xs:attribute>
<xs:attribute name="EquipmentSum" type="xs:double">
<xs:annotation>
<xs:documentation>设备费</xs:documentation>
</xs:annotation>
</xs:attribute>
</xs:extension>
</xs:complexContent>
</xs:complexType>
</xs:element>
<xs:element name="PurchasecostTables">
<xs:annotation>
<xs:documentation>设备、工具、器具及家具购置费支出汇总表</xs:documentation>
</xs:annotation>
<xs:complexType>
<xs:complexContent>
<xs:extension base="BaseType">
<xs:sequence>
<xs:element name="PurchasecostTable">
<xs:annotation>
<xs:documentation>设备、工具、器具及家具购置费支出明细</xs:documentation>
</xs:annotation>
<xs:complexType>
<xs:complexContent>
<xs:extension base="BaseType">
<xs:attribute name="No" type="xs:string" use="required">
<xs:annotation>
<xs:documentation>序号</xs:documentation>
</xs:annotation>
</xs:attribute>
<xs:attribute name="Name" type="xs:string" use="required">
<xs:annotation>
```

```xml
<xs:documentation>工程或费用名称</xs:documentation>
</xs:annotation>
</xs:attribute>
<xs:attribute name="ContractNo" type="xs:string" use="required">
<xs:annotation>
<xs:documentation>合同编号</xs:documentation>
</xs:annotation>
</xs:attribute>
<xs:attribute name="Unit" type="xs:string" use="required">
<xs:annotation>
<xs:documentation>单位</xs:documentation>
</xs:annotation>
</xs:attribute>
<xs:attribute name="Num" type="xs:double" use="required">
<xs:annotation>
<xs:documentation>数量</xs:documentation>
</xs:annotation>
</xs:attribute>
<xs:attribute name="Price" type="xs:double" use="required">
<xs:annotation>
<xs:documentation>单价</xs:documentation>
</xs:annotation>
</xs:attribute>
<xs:attribute name="ContractSum" type="xs:double" use="required">
<xs:annotation>
<xs:documentation>合同金额</xs:documentation>
</xs:annotation>
</xs:attribute>
<xs:attribute name="CostSum" type="xs:double" use="required">
<xs:annotation>
<xs:documentation>支出金额</xs:documentation>
</xs:annotation>
</xs:attribute>
<xs:attribute name="Remarks" type="xs:string" use="required">
<xs:annotation>
<xs:documentation>差额说明</xs:documentation>
```

```
</xs:annotation>
</xs:attribute>
</xs:extension>
</xs:complexContent>
</xs:complexType>
</xs:element>
</xs:sequence>
</xs:extension>
</xs:complexContent>
</xs:complexType>
</xs:element>
<xs:element name="OthercostTables">
<xs:annotation>
<xs:documentation>工程建设其他费用支出汇总表</xs:documentation>
</xs:annotation>
<xs:complexType>
<xs:complexContent>
<xs:extension base="BaseType">
<xs:sequence>
<xs:element name="OthercostTable">
<xs:annotation>
<xs:documentation>工程建设其他费用支出明细</xs:documentation>
</xs:annotation>
<xs:complexType>
<xs:complexContent>
<xs:extension base="BaseType">
<xs:attribute name="No" type="xs:string" use="required">
<xs:annotation>
<xs:documentation>序号</xs:documentation>
</xs:annotation>
</xs:attribute>
<xs:attribute name="Name" type="xs:string" use="required">
<xs:annotation>
<xs:documentation>工程或费用名称</xs:documentation>
</xs:annotation>
</xs:attribute>
```

```xml
<xs:attribute name="ContractNo" type="xs:string" use="required">
<xs:annotation>
<xs:documentation>合同编号</xs:documentation>
</xs:annotation>
</xs:attribute>
<xs:attribute name="ContractName" type="xs:string" use="required">
<xs:annotation>
<xs:documentation>合同名称</xs:documentation>
</xs:annotation>
</xs:attribute>
<xs:attribute name="Num" type="xs:double" use="required">
<xs:annotation>
<xs:documentation>数量</xs:documentation>
</xs:annotation>
</xs:attribute>
<xs:attribute name="Price" type="xs:double" use="required">
<xs:annotation>
<xs:documentation>单价</xs:documentation>
</xs:annotation>
</xs:attribute>
<xs:attribute name="ContractSum" type="xs:double" use="required">
<xs:annotation>
<xs:documentation>合同金额</xs:documentation>
</xs:annotation>
</xs:attribute>
<xs:attribute name="CostSum" type="xs:double" use="required">
<xs:annotation>
<xs:documentation>支出金额</xs:documentation>
</xs:annotation>
</xs:attribute>
<xs:attribute name="Remarks" type="xs:string" use="required">
<xs:annotation>
<xs:documentation>差额说明</xs:documentation>
</xs:annotation>
</xs:attribute>
</xs:extension>
```

```
</xs:complexContent>
</xs:complexType>
</xs:element>
</xs:sequence>
</xs:extension>
</xs:complexContent>
</xs:complexType>
</xs:element>
<xs:element name="EprjInfo" maxOccurs="unbounded" minOccurs="1">
<xs:annotation>
<xs:documentation>工程项目</xs:documentation>
</xs:annotation>
<xs:complexType>
<xs:complexContent>
<xs:extension base="BaseType">
<xs:sequence>
<xs:element name="EprjIndexs">
<xs:annotation>
<xs:documentation>工程项目技术指标</xs:documentation>
</xs:annotation>
<xs:complexType>
<xs:complexContent>
<xs:extension base="BaseType">
<xs:sequence>
<xs:element name="EprjIndex">
<xs:annotation>
<xs:documentation>工程项目技术指标明细</xs:documentation>
</xs:annotation>
<xs:complexType>
<xs:complexContent>
<xs:extension base="BaseType">
<xs:attribute name="Code" type="xs:string" use="required">
<xs:annotation>
<xs:documentation>指标编码</xs:documentation>
</xs:annotation>
</xs:attribute>
```

```
<xs:attribute name="Name" type="xs:string" use="required">
<xs:annotation>
<xs:documentation>指标名称</xs:documentation>
</xs:annotation>
</xs:attribute>
<xs:attribute name="Value" type="xs:double" use="required">
<xs:annotation>
<xs:documentation>指标值</xs:documentation>
</xs:annotation>
</xs:attribute>
</xs:extension>
</xs:complexContent>
</xs:complexType>
</xs:element>
</xs:sequence>
</xs:extension>
</xs:complexContent>
</xs:complexType>
</xs:element>
<xs:element name="EprjGcjs">
<xs:annotation>
<xs:documentation>工程项目工程决算文件</xs:documentation>
</xs:annotation>
<xs:complexType>
<xs:complexContent>
<xs:extension base="BaseType">
<xs:sequence>
<xs:element name="EprjNums">
<xs:annotation>
<xs:documentation>决算工程量登记表</xs:documentation>
</xs:annotation>
<xs:complexType>
<xs:complexContent>
<xs:extension base="BaseType">
<xs:sequence>
<xs:element name="Quantities">
```

```xml
<xs:annotation>
<xs:documentation>决算清单工程量</xs:documentation>
</xs:annotation>
<xs:complexType>
<xs:complexContent>
<xs:extension base="ItemsBase">
<xs:annotation>
<xs:documentation>费用要素项目(清单)基类</xs:documentation>
</xs:annotation>
<xs:sequence>
<xs:element name="Quantitie">
<xs:annotation>
<xs:documentation>决算清单工程量明细</xs:documentation>
</xs:annotation>
<xs:complexType>
<xs:complexContent>
<xs:extension base="BaseType">
<xs:attribute name="Name" type="xs:string" use="prohibited">
<xs:annotation>
<xs:documentation>工程量名称</xs:documentation>
</xs:annotation>
</xs:attribute>
<xs:attribute name="Pilenumber" type="xs:string" use="required">
<xs:annotation>
<xs:documentation>起止桩号</xs:documentation>
</xs:annotation>
</xs:attribute>
<xs:attribute name="Area" type="xs:string" use="required">
<xs:annotation>
<xs:documentation>位置</xs:documentation>
</xs:annotation>
</xs:attribute>
<xs:attribute name="DesignNum" type="xs:double" use="required">
<xs:annotation>
<xs:documentation>原设计数量</xs:documentation>
</xs:annotation>
```

```xml
</xs:attribute>
<xs:attribute name="LeakageNum" type="xs:double">
<xs:annotation>
<xs:documentation>设计错漏数量</xs:documentation>
</xs:annotation>
</xs:attribute>
<xs:attribute name="OtherNum" type="xs:double">
<xs:annotation>
<xs:documentation>其他原因增减数量</xs:documentation>
</xs:annotation>
</xs:attribute>
<xs:attribute name="ChangeNum" type="xs:double">
<xs:annotation>
<xs:documentation>变更数量</xs:documentation>
</xs:annotation>
</xs:attribute>
<xs:attribute name="AccountsNum" type="xs:double" use="required">
<xs:annotation>
<xs:documentation>决算数量</xs:documentation>
</xs:annotation>
</xs:attribute>
<xs:attribute name="DrawingNo" type="xs:string">
<xs:annotation>
<xs:documentation>图纸编号</xs:documentation>
</xs:annotation>
</xs:attribute>
<xs:attribute name="Remarks" type="xs:string">
<xs:annotation>
<xs:documentation>备注</xs:documentation>
</xs:annotation>
</xs:attribute>
</xs:extension>
</xs:complexContent>
</xs:complexType>
</xs:element>
</xs:sequence>
```

```xml
<xs:attribute name="DesignNums" type="xs:double" use="required">
<xs:annotation>
<xs:documentation>原设计数量</xs:documentation>
</xs:annotation>
</xs:attribute>
<xs:attribute name="LeakageNums" type="xs:double">
<xs:annotation>
<xs:documentation>设计错漏数量</xs:documentation>
</xs:annotation>
</xs:attribute>
<xs:attribute name="OtherNums" type="xs:double">
<xs:annotation>
<xs:documentation>其他原因增减数量</xs:documentation>
</xs:annotation>
</xs:attribute>
<xs:attribute name="ChangeNums" type="xs:double">
<xs:annotation>
<xs:documentation>变更数量</xs:documentation>
</xs:annotation>
</xs:attribute>
<xs:attribute name="AccountsNums" type="xs:double" use="required">
<xs:annotation>
<xs:documentation>决算数量</xs:documentation>
</xs:annotation>
</xs:attribute>
</xs:extension>
</xs:complexContent>
</xs:complexType>
</xs:element>
</xs:sequence>
</xs:extension>
</xs:complexContent>
</xs:complexType>
</xs:element>
<xs:element name="EprjAccounts">
<xs:annotation>
```

```
<xs:documentation>工程决算表</xs:documentation>
</xs:annotation>
<xs:complexType>
<xs:complexContent>
<xs:extension base="BaseType">
<xs:sequence>
<xs:element name="EprjAccount">
<xs:annotation>
<xs:documentation>工程项目决算明细</xs:documentation>
</xs:annotation>
<xs:complexType>
<xs:complexContent>
<xs:extension base="ItemsBase">
<xs:annotation>
<xs:documentation>费用要素项目（清单）基类</xs:documentation>
</xs:annotation>
<xs:attribute name="ContractNum" type="xs:double" use="required">
<xs:annotation>
<xs:documentation>合同工程量</xs:documentation>
</xs:annotation>
</xs:attribute>
<xs:attribute name="ChangeNum" type="xs:double">
<xs:annotation>
<xs:documentation>变更工程量</xs:documentation>
</xs:annotation>
</xs:attribute>
<xs:attribute name="ExamineNum" type="xs:double" use="required">
<xs:annotation>
<xs:documentation>核算工程量</xs:documentation>
</xs:annotation>
</xs:attribute>
<xs:attribute name="PayNum" type="xs:double" use="required">
<xs:annotation>
<xs:documentation>支付工程量</xs:documentation>
</xs:annotation>
</xs:attribute>
```

```xml
<xs:attribute name="Price" type="xs:double" use="required">
<xs:annotation>
<xs:documentation>单价</xs:documentation>
</xs:annotation>
</xs:attribute>
<xs:attribute name="ContractSum" type="xs:double" use="required">
<xs:annotation>
<xs:documentation>合同金额</xs:documentation>
</xs:annotation>
</xs:attribute>
<xs:attribute name="PaySum" type="xs:double" use="required">
<xs:annotation>
<xs:documentation>支付金额</xs:documentation>
</xs:annotation>
</xs:attribute>
<xs:attribute name="MoreLess" type="xs:double" use="required">
<xs:annotation>
<xs:documentation>差量</xs:documentation>
</xs:annotation>
</xs:attribute>
<xs:attribute name="Remarks" type="xs:string">
<xs:annotation>
<xs:documentation>差量原因</xs:documentation>
</xs:annotation>
</xs:attribute>
</xs:extension>
</xs:complexContent>
</xs:complexType>
</xs:element>
</xs:sequence>
<xs:attribute name="ChangeSum" type="xs:double">
<xs:annotation>
<xs:documentation>变更引起调整合计</xs:documentation>
</xs:annotation>
</xs:attribute>
<xs:attribute name="MpriceSum" type="xs:double">
```

```xml
<xs:annotation>
<xs:documentation>工程项目调价合计</xs:documentation>
</xs:annotation>
</xs:attribute>
<xs:attribute name="ClaimSum" type="xs:double">
<xs:annotation>
<xs:documentation>工程项目索赔合计</xs:documentation>
</xs:annotation>
</xs:attribute>
<xs:attribute name="DayworkSum" type="xs:double">
<xs:annotation>
<xs:documentation>计日工支出合计</xs:documentation>
</xs:annotation>
</xs:attribute>
<xs:attribute name="UnforeseeableSum" type="xs:double">
<xs:annotation>
<xs:documentation>不可预见费(暂定金额)</xs:documentation>
</xs:annotation>
</xs:attribute>
<xs:attribute name="TotalSum" type="xs:double" use="required">
<xs:annotation>
<xs:documentation>决算金额合计</xs:documentation>
</xs:annotation>
</xs:attribute>
<xs:attribute name="InstallationSum" type="xs:double" use="required">
<xs:annotation>
<xs:documentation>建安决算总金额</xs:documentation>
</xs:annotation>
</xs:attribute>
<xs:attribute name="EquipmentSum" type="xs:double">
<xs:annotation>
<xs:documentation>设备费</xs:documentation>
</xs:annotation>
</xs:attribute>
</xs:extension>
</xs:complexContent>
```

```
</xs:complexType>
</xs:element>
<xs:element name="EprjContracts">
<xs:annotation>
<xs:documentation>工程合同登记表</xs:documentation>
</xs:annotation>
<xs:complexType>
<xs:complexContent>
<xs:extension base="BaseType">
<xs:sequence>
<xs:element name="Contracts">
<xs:annotation>
<xs:documentation>工程合同</xs:documentation>
</xs:annotation>
<xs:complexType>
<xs:complexContent>
<xs:extension base="BaseType">
<xs:sequence>
<xs:element name="Contract">
<xs:annotation>
<xs:documentation>工程合同明细</xs:documentation>
</xs:annotation>
<xs:complexType>
<xs:complexContent>
<xs:extension base="ItemsBase">
<xs:annotation>
<xs:documentation>费用要素项目（清单）基类</xs:documentation>
</xs:annotation>
<xs:attribute name="Num" type="xs:double" use="required">
<xs:annotation>
<xs:documentation>数量</xs:documentation>
</xs:annotation>
</xs:attribute>
<xs:attribute name="Price" type="xs:double" use="required">
<xs:annotation>
<xs:documentation>单价</xs:documentation>
```

```
</xs:annotation>
</xs:attribute>
<xs:attribute name="Sum" type="xs:double" use="required">
<xs:annotation>
<xs:documentation>金额</xs:documentation>
</xs:annotation>
</xs:attribute>
</xs:extension>
</xs:complexContent>
</xs:complexType>
</xs:element>
</xs:sequence>
<xs:attribute name="Type" type="xs:string" use="required">
<xs:annotation>
<xs:documentation>合同类型</xs:documentation>
</xs:annotation>
</xs:attribute>
</xs:extension>
</xs:complexContent>
</xs:complexType>
</xs:element>
</xs:sequence>
</xs:extension>
</xs:complexContent>
</xs:complexType>
</xs:element>
<xs:element name="ChangeDesigns">
<xs:annotation>
<xs:documentation>变更设计登记表</xs:documentation>
</xs:annotation>
<xs:complexType>
<xs:complexContent>
<xs:extension base="BaseType">
<xs:sequence>
<xs:element name="ChangeItems">
<xs:annotation>
```

```xml
<xs:documentation>变更项目</xs:documentation>
</xs:annotation>
<xs:complexType>
<xs:complexContent>
<xs:extension base="BaseType">
<xs:sequence>
<xs:element name="ChangeItem">
<xs:annotation>
<xs:documentation>变更明细</xs:documentation>
</xs:annotation>
<xs:complexType>
<xs:complexContent>
<xs:extension base="ItemsBase">
<xs:annotation>
<xs:documentation>费用要素项目（清单）基类</xs:documentation>
</xs:annotation>
<xs:attribute name="Num" type="xs:double" use="required">
<xs:annotation>
<xs:documentation>变更数量</xs:documentation>
</xs:annotation>
</xs:attribute>
<xs:attribute name="Price" type="xs:double" use="required">
<xs:annotation>
<xs:documentation>变更单价</xs:documentation>
</xs:annotation>
</xs:attribute>
<xs:attribute name="Sum" type="xs:double" use="required">
<xs:annotation>
<xs:documentation>变更金额</xs:documentation>
</xs:annotation>
</xs:attribute>
</xs:extension>
</xs:complexContent>
</xs:complexType>
</xs:element>
</xs:sequence>
```

```xml
<xs:attribute name="ChangeNo" type="xs:string" use="required">
<xs:annotation>
<xs:documentation>变更编号</xs:documentation>
</xs:annotation>
</xs:attribute>
<xs:attribute name="ProjectName" type="xs:string" use="required">
<xs:annotation>
<xs:documentation>工程名称</xs:documentation>
</xs:annotation>
</xs:attribute>
<xs:attribute name="ApprovedUnit" type="xs:string" use="required">
<xs:annotation>
<xs:documentation>批准单位</xs:documentation>
</xs:annotation>
</xs:attribute>
<xs:attribute name="ApprovedNo" type="xs:string" use="required">
<xs:annotation>
<xs:documentation>批准文号</xs:documentation>
</xs:annotation>
</xs:attribute>
<xs:attribute name="Comments" type="xs:string">
<xs:annotation>
<xs:documentation>设计单位意见</xs:documentation>
</xs:annotation>
</xs:attribute>
<xs:attribute name="Remarks" type="xs:string" use="required">
<xs:annotation>
<xs:documentation>变更原因</xs:documentation>
</xs:annotation>
</xs:attribute>
</xs:extension>
</xs:complexContent>
</xs:complexType>
</xs:element>
</xs:sequence>
</xs:extension>
```

```
</xs:complexContent>
</xs:complexType>
</xs:element>
<xs:element name="ChangeSums">
<xs:annotation>
<xs:documentation>变更引起调整金额登记表</xs:documentation>
</xs:annotation>
<xs:complexType>
<xs:complexContent>
<xs:extension base="BaseType">
<xs:sequence>
<xs:element name="ChangeSum">
<xs:annotation>
<xs:documentation>变更引起调整金额明细</xs:documentation>
</xs:annotation>
<xs:complexType>
<xs:complexContent>
<xs:extension base="ItemsBase">
<xs:annotation>
<xs:documentation>费用要素项目（清单）基类</xs:documentation>
</xs:annotation>
<xs:attribute name="ContractPrice" type="xs:double" use="required">
<xs:annotation>
<xs:documentation>合同工程单价</xs:documentation>
</xs:annotation>
</xs:attribute>
<xs:attribute name="ChangePrice" type="xs:double" use="required">
<xs:annotation>
<xs:documentation>调整单价</xs:documentation>
</xs:annotation>
</xs:attribute>
<xs:attribute name="Dvalue" type="xs:double" use="required">
<xs:annotation>
<xs:documentation>单价差值</xs:documentation>
</xs:annotation>
</xs:attribute>
```

```xml
<xs:attribute name="ChangeNum" type="xs:double" use="required">
<xs:annotation>
<xs:documentation>调整单价支付数量</xs:documentation>
</xs:annotation>
</xs:attribute>
<xs:attribute name="ChangeSum" type="xs:double" use="required">
<xs:annotation>
<xs:documentation>调整金额</xs:documentation>
</xs:annotation>
</xs:attribute>
<xs:attribute name="Remarks" type="xs:string">
<xs:annotation>
<xs:documentation>调整原因</xs:documentation>
</xs:annotation>
</xs:attribute>
</xs:extension>
</xs:complexContent>
</xs:complexType>
</xs:element>
</xs:sequence>
</xs:extension>
</xs:complexContent>
</xs:complexType>
</xs:element>
<xs:element name="Mprices">
<xs:annotation>
<xs:documentation>工程项目调价登记表</xs:documentation>
</xs:annotation>
<xs:complexType>
<xs:complexContent>
<xs:extension base="BaseType">
<xs:sequence>
<xs:element name="PriceIndex">
<xs:annotation>
<xs:documentation>价格指数调价明细</xs:documentation>
</xs:annotation>
```

```
<xs:complexType>
<xs:complexContent>
<xs:extension base="BaseType">
<xs:attribute name="No" type="xs:string" use="required">
<xs:annotation>
<xs:documentation>序号</xs:documentation>
</xs:annotation>
</xs:attribute>
<xs:attribute name="ChangeData" type="xs:date" use="required">
<xs:annotation>
<xs:documentation>调整时间</xs:documentation>
</xs:annotation>
</xs:attribute>
<xs:attribute name="ChangeRatio" type="xs:double" use="required">
<xs:annotation>
<xs:documentation>综合调价系数</xs:documentation>
</xs:annotation>
</xs:attribute>
<xs:attribute name="PaySum" type="xs:double" use="required">
<xs:annotation>
<xs:documentation>累计支付额</xs:documentation>
</xs:annotation>
</xs:attribute>
<xs:attribute name="ChangeSum" type="xs:double" use="required">
<xs:annotation>
<xs:documentation>调价金额</xs:documentation>
</xs:annotation>
</xs:attribute>
<xs:attribute name="Remarks" type="xs:string">
<xs:annotation>
<xs:documentation>备注</xs:documentation>
</xs:annotation>
</xs:attribute>
</xs:extension>
</xs:complexContent>
</xs:complexType>
```

```xml
</xs:element>
<xs:element name="MaterialPrice">
<xs:annotation>
<xs:documentation>材料价格信息调价明细</xs:documentation>
</xs:annotation>
<xs:complexType>
<xs:complexContent>
<xs:extension base="BaseType">
<xs:attribute name="No" type="xs:string" use="required">
<xs:annotation>
<xs:documentation>序号</xs:documentation>
</xs:annotation>
</xs:attribute>
<xs:attribute name="ChangeContent" type="xs:string" use="required">
<xs:annotation>
<xs:documentation>调整内容</xs:documentation>
</xs:annotation>
</xs:attribute>
<xs:attribute name="PriceDifference" type="xs:double" use="required">
<xs:annotation>
<xs:documentation>材料价差</xs:documentation>
</xs:annotation>
</xs:attribute>
<xs:attribute name="Sum" type="xs:double" use="required">
<xs:annotation>
<xs:documentation>材料数量</xs:documentation>
</xs:annotation>
</xs:attribute>
<xs:attribute name="ChangeSum" type="xs:double" use="required">
<xs:annotation>
<xs:documentation>调价金额</xs:documentation>
</xs:annotation>
</xs:attribute>
<xs:attribute name="Remarks" type="xs:string">
<xs:annotation>
<xs:documentation>备注</xs:documentation>
```

```
</xs:annotation>
</xs:attribute>
</xs:extension>
</xs:complexContent>
</xs:complexType>
</xs:element>
</xs:sequence>
</xs:extension>
</xs:complexContent>
</xs:complexType>
</xs:element>
<xs:element name="Claims">
<xs:annotation>
<xs:documentation>工程项目索赔登记表</xs:documentation>
</xs:annotation>
<xs:complexType>
<xs:complexContent>
<xs:extension base="BaseType">
<xs:sequence>
<xs:element name="Claim">
<xs:annotation>
<xs:documentation>索赔明细</xs:documentation>
</xs:annotation>
<xs:complexType>
<xs:complexContent>
<xs:extension base="BaseType">
<xs:attribute name="Name" type="xs:string" use="required">
<xs:annotation>
<xs:documentation>索赔项目</xs:documentation>
</xs:annotation>
</xs:attribute>
<xs:attribute name="ClaimSum" type="xs:double" use="required">
<xs:annotation>
<xs:documentation>索赔金额</xs:documentation>
</xs:annotation>
</xs:attribute>
```

```xml
<xs:attribute name="Remarks" type="xs:string" use="required">
<xs:annotation>
<xs:documentation>索赔原因</xs:documentation>
</xs:annotation>
</xs:attribute>
<xs:attribute name="CompensateSum" type="xs:double" use="required">
<xs:annotation>
<xs:documentation>赔偿金额</xs:documentation>
</xs:annotation>
</xs:attribute>
<xs:attribute name="ApprovedNo" type="xs:string" use="required">
<xs:annotation>
<xs:documentation>批准文号</xs:documentation>
</xs:annotation>
</xs:attribute>
</xs:extension>
</xs:complexContent>
</xs:complexType>
</xs:element>
</xs:sequence>
</xs:extension>
</xs:complexContent>
</xs:complexType>
</xs:element>
<xs:element name="Dayworks">
<xs:annotation>
<xs:documentation>计日工支出金额登记表</xs:documentation>
</xs:annotation>
<xs:complexType>
<xs:complexContent>
<xs:extension base="BaseType">
<xs:sequence>
<xs:element name="Daywork">
<xs:annotation>
<xs:documentation>计日工支出明细</xs:documentation>
</xs:annotation>
```

```xml
<xs:complexType>
<xs:complexContent>
<xs:extension base="ItemsBase">
<xs:annotation>
<xs:documentation>费用要素项目(清单)基类</xs:documentation>
</xs:annotation>
<xs:attribute name="Type" type="xs:string" use="required">
<xs:annotation>
<xs:documentation>计日工类型</xs:documentation>
</xs:annotation>
</xs:attribute>
<xs:attribute name="Num" type="xs:double" use="required">
<xs:annotation>
<xs:documentation>数量</xs:documentation>
</xs:annotation>
</xs:attribute>
<xs:attribute name="Price" type="xs:double" use="required">
<xs:annotation>
<xs:documentation>单价</xs:documentation>
</xs:annotation>
</xs:attribute>
<xs:attribute name="Sum" type="xs:double" use="required">
<xs:annotation>
<xs:documentation>金额</xs:documentation>
</xs:annotation>
</xs:attribute>
</xs:extension>
</xs:complexContent>
</xs:complexType>
</xs:element>
</xs:sequence>
</xs:extension>
</xs:complexContent>
</xs:complexType>
</xs:element>
<xs:element name="EndingProject">
```

```
<xs:annotation>
<xs:documentation>收尾工程登记表</xs:documentation>
</xs:annotation>
<xs:complexType>
<xs:complexContent>
<xs:extension base="BaseType">
<xs:sequence>
<xs:element name="Endings">
<xs:annotation>
<xs:documentation>收尾工程</xs:documentation>
</xs:annotation>
<xs:complexType>
<xs:complexContent>
<xs:extension base="BaseType">
<xs:sequence>
<xs:element name="Ending">
<xs:annotation>
<xs:documentation>收尾工程明细</xs:documentation>
</xs:annotation>
<xs:complexType>
<xs:complexContent>
<xs:extension base="ItemsBase">
<xs:annotation>
<xs:documentation>费用要素项目（清单）基类</xs:documentation>
</xs:annotation>
<xs:attribute name="Num" type="xs:double" use="required">
<xs:annotation>
<xs:documentation>工程量</xs:documentation>
</xs:annotation>
</xs:attribute>
<xs:attribute name="Price" type="xs:double" use="required">
<xs:annotation>
<xs:documentation>单价</xs:documentation>
</xs:annotation>
</xs:attribute>
<xs:attribute name="Sum" type="xs:double" use="required">
```

```xml
<xs:annotation>
<xs:documentation>金额</xs:documentation>
</xs:annotation>
</xs:attribute>
</xs:extension>
</xs:complexContent>
</xs:complexType>
</xs:element>
</xs:sequence>
<xs:attribute name="Name" type="xs:string">
<xs:annotation>
<xs:documentation>工程名称</xs:documentation>
</xs:annotation>
</xs:attribute>
</xs:extension>
</xs:complexContent>
</xs:complexType>
</xs:element>
</xs:sequence>
</xs:extension>
</xs:complexContent>
</xs:complexType>
</xs:element>
<xs:element name="Scraps">
<xs:annotation>
<xs:documentation>报废工程登记表</xs:documentation>
</xs:annotation>
<xs:complexType>
<xs:complexContent>
<xs:extension base="BaseType">
<xs:sequence>
<xs:element name="Scrap">
<xs:annotation>
<xs:documentation>报废工程明细</xs:documentation>
</xs:annotation>
<xs:complexType>
```

```xml
<xs:complexContent>
<xs:extension base="BaseType">
<xs:attribute name="No" use="required">
<xs:annotation>
<xs:documentation>序号</xs:documentation>
</xs:annotation>
</xs:attribute>
<xs:attribute name="Name" type="xs:string" use="required">
<xs:annotation>
<xs:documentation>工程内容或名称</xs:documentation>
</xs:annotation>
</xs:attribute>
<xs:attribute name="Num" type="xs:double" use="required">
<xs:annotation>
<xs:documentation>工程数量</xs:documentation>
</xs:annotation>
</xs:attribute>
<xs:attribute name="Sum" type="xs:double" use="required">
<xs:annotation>
<xs:documentation>支出金额</xs:documentation>
</xs:annotation>
</xs:attribute>
<xs:attribute name="Rremarks" type="xs:string" use="required">
<xs:annotation>
<xs:documentation>原因</xs:documentation>
</xs:annotation>
</xs:attribute>
</xs:extension>
</xs:complexContent>
</xs:complexType>
</xs:element>
</xs:sequence>
</xs:extension>
</xs:complexContent>
</xs:complexType>
</xs:element>
```

```xml
<xs:element name="Payments">
<xs:annotation>
<xs:documentation>工程支付情况登记表</xs:documentation>
</xs:annotation>
<xs:complexType>
<xs:complexContent>
<xs:extension base="BaseType">
<xs:sequence>
<xs:element name="Payment">
<xs:annotation>
<xs:documentation>支付项目明细</xs:documentation>
</xs:annotation>
<xs:complexType>
<xs:complexContent>
<xs:extension base="ItemsBase">
<xs:annotation>
<xs:documentation>费用要素项目（清单）基类</xs:documentation>
</xs:annotation>
<xs:attribute name="Num" type="xs:double" use="required">
<xs:annotation>
<xs:documentation>数量</xs:documentation>
</xs:annotation>
</xs:attribute>
<xs:attribute name="Price" type="xs:double" use="required">
<xs:annotation>
<xs:documentation>单价</xs:documentation>
</xs:annotation>
</xs:attribute>
<xs:attribute name="Sum" type="xs:double" use="required">
<xs:annotation>
<xs:documentation>金额</xs:documentation>
</xs:annotation>
</xs:attribute>
</xs:extension>
</xs:complexContent>
</xs:complexType>
```

```
</xs:element>
</xs:sequence>
</xs:extension>
</xs:complexContent>
</xs:complexType>
</xs:element>
</xs:sequence>
</xs:extension>
</xs:complexContent>
</xs:complexType>
</xs:element>
</xs:sequence>
<xs:attribute name="No" type="xs:string" use="required">
<xs:annotation>
<xs:documentation>工程项目编号</xs:documentation>
</xs:annotation>
</xs:attribute>
<xs:attribute name="Name" type="xs:string" use="required">
<xs:annotation>
<xs:documentation>工程项目名称</xs:documentation>
</xs:annotation>
</xs:attribute>
<xs:attribute name="Pilenumber" type="xs:string" use="required">
<xs:annotation>
<xs:documentation>起止桩号</xs:documentation>
</xs:annotation>
</xs:attribute>
<xs:attribute name="Type" type="xs:string" use="required">
<xs:annotation>
<xs:documentation>项目类型</xs:documentation>
</xs:annotation>
</xs:attribute>
<xs:attribute name="ConstructionUnit" type="xs:string" use="required">
<xs:annotation>
<xs:documentation>施工单位</xs:documentation>
</xs:annotation>
```

```
</xs:attribute>
<xs:attribute name="CompileApprover" type="xs:string" use="required">
<xs:annotation>
<xs:documentation>编制人</xs:documentation>
</xs:annotation>
</xs:attribute>
<xs:attribute name="CompileDate" type="xs:dateTime" use="required">
<xs:annotation>
<xs:documentation>编制时间</xs:documentation>
</xs:annotation>
</xs:attribute>
<xs:attribute name="ReviewApprover" type="xs:string" use="required">
<xs:annotation>
<xs:documentation>复核人</xs:documentation>
</xs:annotation>
</xs:attribute>
<xs:attribute name="ReviewDate" type="xs:dateTime" use="required">
<xs:annotation>
<xs:documentation>复核时间</xs:documentation>
</xs:annotation>
</xs:attribute>
<xs:attribute name="ExamineApprover" type="xs:string" use="required">
<xs:annotation>
<xs:documentation>审核人</xs:documentation>
</xs:annotation>
</xs:attribute>
<xs:attribute name="ExamineDate" type="xs:dateTime" use="required">
<xs:annotation>
<xs:documentation>审核时间</xs:documentation>
</xs:annotation>
</xs:attribute>
</xs:extension>
</xs:complexContent>
</xs:complexType>
</xs:element>
</xs:sequence>
```

```
<xs:attribute name="cprjName" type="xs:string" use="required">
<xs:annotation>
<xs:documentation>建设项目名称</xs:documentation>
</xs:annotation>
</xs:attribute>
<xs:attribute name="cprjType" type="xs:string" use="required">
<xs:annotation>
<xs:documentation>造价类型</xs:documentation>
</xs:annotation>
</xs:attribute>
<xs:attribute name="InvestType" type="xs:string">
<xs:annotation>
<xs:documentation>投资模式</xs:documentation>
</xs:annotation>
</xs:attribute>
</xs:extension>
</xs:complexContent>
</xs:complexType>
</xs:element>
</xs:schema>
```

本标准用词用语说明

1 本标准执行严格程度的用词,采用下列写法:

1)表示很严格,非这样做不可的用词,正面词采用"必须",反面词采用"严禁";

2)表示严格,在正常情况下均应这样做的用词,正面词采用"应",反面词采用"不应"或"不得";

3)表示允许稍有选择,在条件许可时首先应这样做的用词,正面词采用"宜",反面词采用"不宜";

4)表示有选择,在一定条件下可以这样做的用词,采用"可"。

2 引用标准的用语采用下列写法:

1)在标准总则中表述与相关标准的关系时,采用"除应符合本规程的规定外,尚应符合国家和行业现行有关标准的规定"。

2)在标准条文及其他规定中,当引用的标准为国家标准和行业标准时,表述为"应符合《××××××》(×××)的有关规定"。

3)当引用本标准中的其他规定时,表述为"应符合本标准第×章的有关规定"、"应符合本标准第×.×节的有关规定"、"应符合本标准第×.×.×条的有关规定"或"应按本标准第×.×.×条的有关规定执行"。